税理士・公認会計士
石川博正
Ishikawa Hiromasa

税務調査で泣きをみない とっておきの知恵

税金を合法的に逃れる方法あります

さくら舎

はじめに

「××さんですか？　税務署です。税務調査にうかがいたいのですが……」

ある日突然、こんな電話がかかってきたら、ギョッとしますよね。

もしかして、あなたは「そんな電話かかってくるワケがない」なんて思い込んでいませんか？

「うちは儲《もう》けの額が少ないから大丈夫」

「いままでそんなの来たことないし」

「俺は運がいいから来ないよ」

「ちゃんと税金納めていると思うんだけど……」

個人事業主さんや副業をされている人の多くはそう言います。

でも、その根拠のない自信はある日突然、もろくも崩れ去るのです……突然やってくる「税務調査」によって。

税務調査が来る、というだけで多くの方はパニックに陥《おちい》ります。

映画『マルサの女』やニュースの影響でしょうか。スーツを着た無表情な人々が情け容赦《ようしゃ》なく書類をガンガン押収《おうしゅう》していく……そんなイメージがあるのかもしれません。

実際、税務調査が入った多くの人が、重加算税などの追徴《ついちょう》税を課されています。本来だったら払わなくてもよかった大金を、泣く泣く払っているという現実があるのです。

税務署員は、当然ながら税金のプロです。四六時中、税金のことばかり考えている彼らに、そうでない一般の人々が太刀《たち》打ちできるわけがありません。税務署員と渡り合うには、税務の正しい知識と、相手に負けない精神力が必要です。

そんなの無理？

いいえ、この本を手に取ったあなたなら大丈夫、私がついています！


はじめまして、税理士の石川博正《いしかわひろまさ》です。

税理士というと、みなさんはどんなイメージをお持ちでしょうか？

電卓を叩《たた》いて計算をしているデスクワークばかりのお堅い仕事、なにやら難しい数字をこねくり回す仕事。実際よくわからない、という人も多いかもしれませんね。

一言でいうと**税理士は「税務に関する困りごと」を解決に導く会計のプロ**です。顧客に寄り添い、税金を中心に会計まわりの相談に乗っています。

現在の私は税理士ですが、ほかの仕事もいくつか経験してきました。会計士の資格を取って、まずは大手監査法人である「あずさ監査法人」で会計監査やコンサルティングの実務をみっちり学びました。

次に就職したのは警視庁でした。「組織犯罪対策部」というところで、「マル暴」担当特別捜査官として、いわゆる暴力団などのあやしい資金の流れを追っていました。

その次には「鉄人化計画」という会社に就職しました。マル暴から鉄人化計画、かなりマッチョな印象を持たれてしまうかもしれませんが、それほどでもありません。みなさんもご存じの「カラオケの鉄人」というカラオケボックスのチェーンを経営している会社です。ここで経理と内部監査（経営者に代わって社員が法令や社内規程を遵守《じゅんしゅ》して働いているかチェックする仕事）をしていました。

これらの経験から、私はほかの税理士とは違う特技（?）を2つ、持つようになりました。1つは嘘《うそ》やごまかしを、人や数字のちょっとした動きから見抜くというもの。そしてもう1

つは、どんなにギリギリの状況でも冷静に交渉ごとを進めることができるというものです。
現在は、その特技を活かして、年間２００件以上の税務調査に対応する会計事務所で、税務調査の立ち会いなどをしています。

私の仕事で多いのが、**個人事業主さんや副業をされている人の税務調査の立ち会い**です。

働いて収入を得ている以上、税金は避けられない、なんてことは小学生でもわかっています。税金は適正に申告して、定められた額を納めなければなりません。
でも、税金にまつわるルールは複雑です。しかも学校ではろくに教えません。もし教えてもらっていたとしても、数年経って制度が変われば対応できなくなってしまいます。
だから個人事業主さんや副業で収入がある人が「よくわからない税金の計算をするヒマがあるなら、仕事のほうで稼ぎたい」と思ってしまうのも当然だろうと思います。

本書は「税務調査でひどい目に遭《あ》いたくない」「できればお金の計算なんて面倒なことは避けたいけれど、税金で損をするのはいやだ」という、個人事業主さんや副業で収入のある人に向けて書かせていただきました。

☑もし突然税務調査が来たらどうしよう?
☑確定申告なんてやったことがない
☑税金のことを考えるだけで頭が痛くなりそう
☑自己流の確定申告をしている
☑税金で損をしたくない
☑税理士と付き合ったことがない

そんな人に、ぜひ読んでいただきたいと思っています。

数々の税務調査の立ち会いの結果、私が見てきた失敗例や、一般の人々が引っかかりやすいポイント、さらに「税金って何?」「確定申告ってどうしたらいいの?」といった、**いまさら聞きにくい税金の基礎知識についてもわかりやすく解説**しました。

本書を通して、一人でも多くの方が税に対する正しい知識を身につけ、確定申告、税務調査を難なく乗り切り、よりいっそう本来の仕事に邁進《まいしん》できるよう願っています。

税理士・公認会計士　石川博正

目次◉税務調査で泣きをみないとっておきの知恵——税金を合法的に逃れる方法あります

第1章 あなたにもきっと来る税務調査

第2章 税務調査と税の基礎知識

本当にこわい反面調査

王道は適切に申告すること

第3章

税務調査はこう迎え撃つ

突然やってくる事前通知

第4章 調査後が本当の勝負

第5章
頼れる税理士があなたを救う

税務調査で泣きをみない とっておきの知恵

――税金を合法的に逃れる方法あります

第1章

あなたにもきっと来る税務調査

税務署からの電話はある日突然に

税務調査は決して他人事《ひとごと》ではありません。

ある日突然、電話がかかってきたケースをいくつか紹介しましょう。

ここで紹介するケースに登場する人々はすべて架空《かくう》の人物ですが、実際にあった税務調査を下敷きにしています。

ケース1 適当に経費を計上していたFさん

建築関係の仕事をしている個人事業主のFさんは、ある年の売り上げを980万円として所得税の確定申告をしました。

Fさんは、売り上げが1000万円を超えると消費税がかかる、ということは知っていたのです。

さらに「経費はだいたいこんなモンだろう」と感覚値で計上して、税金がほとんどかからない形で確定申告書を仕上げました。

「こんないい加減な計算では通らないのではないか」とおそるおそる税務署の窓口に提出し

たところ、窓口の人は内容には突っ込まずになんなく受理。

Ｆさんは安心して、翌年も、その翌年も同じような確定申告をしていました。

Ｆさん「去年も一昨年もごまかしていたけど、どうせ税務調査なんて来ないよ」

そんなことが続いて、すっかり油断していたＦさんでしたが、その翌年、税務調査が入りました。

過去５年分の所得税に加えて消費税が課税されることになり、Ｆさんはどうやって支払ったらいいのか、途方に暮れることになりました。

税務調査では**過去のごまかし**も見逃してくれません。

ケース2　キレイ好きな「一人親方」のＳさん

複数の工務店と契約して、さまざまな工事を請け負っている職人のＳさん。

手際がよくて仕上がりがキレイなため、昨年もあちこちの現場から引っ張りだこ。繁忙《はんぼう》期が続いて、どこの会社からどれだけの仕事を請けたのか、どの振込金額がどの仕事のものなのか、把握《はあく》しきれなくなってしまいました。

「ええい、面倒だから全部捨ててしまえ！」

職人気質《かたぎ》でキレイ好きのSさんは、納品書や領収書など仕事関係の書類を全部ごそっと捨ててしまいました。

Sさん「だって工賃が振り込まれるときには、税金が引かれてるからさ、ちゃんと払ってることになるんじゃないの？」

しかしある日、税務署から電話がかかってきました。

収入があるにもかかわらず、きちんと確定申告していなかったSさんは、税務調査を受けて数百万円もの税金を納めることになりました。

税務署は**無申告のSさんの収入もチェック**していたのです。

ケース3 経費を水増ししたフリーランスプログラマーMさん

大手IT企業を退職してフリーランスのプログラマーになったMさんは、前職からのお客さんや、知り合いからの紹介で、順調に仕事をこなしていました。

仕事が絶え間なくあるため、収入もどんどんアップしていきました。

Mさんは自分で確定申告をしていますが、ある日ふと気がつきました。

「ヤバい、このままじゃ結構税金がかかってしまいそう」

Mさんは「税金を減らすには経費を増やすことだ」と考えました。

そこで、経費の水増しがはじまりました。

昨年8000円で買ったパソコンモニターの値段を、実際よりも10倍高い8万円として計算。さらに友人といったカラオケ代や、彼女とのデート代も交際費として計上。ほかにもプライベートで購入した家具や衣類、マンガ、食品などを「これは仕事に必要なものだから」と自分に言い聞かせて経費に含めて計算しました。

Mさん「このくらい、バレないっしょ？　みんなやってるし、いちいち確認なんかしないっしょ（笑）」

しかし、ある日Mさんの元にも税務署から電話が。

税務調査の結果、Mさんは、罰金も含め、数百万円の税金を納めることになりました。

あまりに**不自然な経費の水増し**は必ずバレてしまいます。

ケース4 現金商売だからバレないと思っていた居酒屋経営者Tさん

個人で居酒屋を営《いとな》んでいるTさん。

コロナ禍《か》で客足が遠のいたこともありましたが、テイクアウトに力を入れ、さらに近所のライバル店が撤退したこともあり、充分な売り上げがありました。

「ありがたいことだけど、このままだと税金が多くかかってしまう……」と案じたTさんは、毎日の売り上げのすべてを帳簿につけず、少しずつごまかすことにしました。

Tさん「売り上げが少なければ、その分払う税金も少なくなるよね」

ところが、Tさんにも税務署から連絡がありました。

税務調査官から「これだけ仕入れているのに、これだけしか売り上げがないのはおかしいですね」と指摘されてしまいました。飲食店では3割程度の原価率がふつうですが、Tさんの店では7割を原価としていたのです。

Tさんは言い返すことができず、結局、罰金も含め、数十万円の税金を納めることになりました。

現金商売をしている人のなかには、Tさんのように「売り上げは現金だから隠しておいてもバレないでしょう」という認識でいる人が多くいます。

しかし税務署は、**仕入れから全体像を把握**します。

仕入れの際に現金で払っていたとしても、仕入れ元に反面調査が入ったらアウトです。

ケース5　専業主婦の枠を超えてしまった専業主婦Yさん

専業主婦のYさんの趣味は、テーマパークのオリジナルグッズをコレクションすることでした。あるとき、多く買いすぎてしまったグッズ（生活雑貨）を「メルカリ」などのフリマ（フリーマーケット）サイトに出品したところ、思ったより高く売れたのがきっかけで、転売にハマりました。

あまりに売れ行きがよく、一人では出品する品物の調達が難しくなったYさんは、会社員の夫に助けを求めました。

妻も喜ぶし、小遣い稼ぎになるなら、と夫も喜んで協力。

夫が休みの日にテーマパークでまとめて買い出しをし、平日にYさんが出品して売るというスタイルで、毎月コンスタントに数十万円の利益が出ていました。

Yさん「儲かっているけど、そんなに額は多くないから、申告しなくてもいいよね？」
Yさんの夫「うん。そもそも、生活用品の転売は税金がかからないはずだよ」

そんなYさんにも、税務署から電話がかかってきました。

生活用品の転売には税金がかからない、というルールはたしかにありますが、Yさんの夫のように、それを誤って「生活用品なら転売で商売しても税金はかからない」と解釈する人がときどきいます。

しかし、最初から転売が目的だとされた場合は、商売をしているのと同じ、と見なされ、税金がかかってしまいます。

利益が発生したら税金がかかるという認識を持つことが必要です。

また、Yさんは専業主婦だったため、夫の配偶者控除《こうじょ》の対象でした。しかし、今回の税務調査で扶養《ふよう》から抜けてしまうことが判明して、**夫の税金もアップ**してしまいました。

さらに販売する商品の仕入れの際に、夫のクレジットカードを使っていたため、実際に副業をしているのは夫じゃないか、という疑いも持たれてしまいました。

夫の勤務先は副業に厳しいためピンチです。

「お前が転売なんか始めるから」

「あなたが税金はかからないって言ったんじゃない」

仲のよかったYさん夫婦は税務調査をきっかけに、すっかり不仲になってしまいました。

ケース6　副業大家さんで儲けた会社員Dさん

会社に勤めながら、不動産物件を所有するDさん。

定期的に賃料収入があるのですが「たいした額じゃないし、バレないだろう」と考えて確定申告をしていませんでした。

そのまま数年間、特にだれにも指摘されなかったので「しめしめ」と思っていたDさんでしたが、管理を依頼している不動産会社に税務調査が入り、無申告がバレてしまいました。

結局、Dさんにも税務調査が入り、Dさんは**過去5年分の税金**を払うだけでなく、脱税であるとして**重加算税**も課せられてしまいました。

不動産賃貸経営をしているサラリーマンの場合、経費を増やすなどして**不動産所得を赤字にし、それを本業の給与所得で相殺《そうさい》することで、全体の所得額を減らして所得税減額をはかる「損益通算」という裏ワザ**が知られています。必要以上に多い経費などは税務調査の追及ポイントになるので要注意です。

ケース7 仮想通貨でがっぽり儲けた会社員のKさん

会社員をしながら仮想通貨（2020年5月〜は暗号資産と呼称）の投資で大きく儲けたKさん。昨年は取引を見直し、数種類の仮装通貨のうち一部を現金化、一部はそのまま、一部は別の仮想通貨と交換しました。

Kさん「現金化して利益が出たから、ちゃんと確定申告したよ！　当然でしょ」

仮想通貨で利益が出たら申告しなければならない、ということはわかっていたKさんは、確定申告をして、すっかり税金関係は終了したと思い込んでいました。

しかしある日、Kさんの元にも税務署から電話が。

Kさんは、保有するエイダコインをビットコインに交換したのですが、仮装通貨同士の交換は、通常の動産の売却と同様に扱われ、時価により売却したものとして扱われることになっていたのです。

現金化した場合だけでなく、仮想通貨の交換によって利益が出た場合も課税所得となり申告をしなければいけない、ということを、うっかり見落としていたのです。

税務調査の結果、Kさんは、**交換した際の利益を含めた金額で修正申告**することになりました。

税務調査が来やすい人とは

税務調査は性悪説で来る

「税務調査」は、税金の申告に不正や誤りがないかを、税務署員が直接調査するものです（くわしくは第2章で解説します）。

だれのところに税務調査が来るのか、偶然の要素がまったくないとはいいませんが、税務署だって対象者をクジや抽選で選んでいるわけではありません。

やはり「この人、あやしい。税金をごまかしているんじゃないか」と不正が疑われる人のところに重点的に来ます。

司法には「疑わしきは罰せず」という言葉がありますが、**税務署は「疑わしきは調査する」**というスタンスです。彼らは、基本的に「人間は悪さをするだろう」という性悪《せいあく》説をとっているので、疑いの余地があれば「とりあえず」でも来ます。

税務調査の結果、多額の税金を支払う羽目になってしまった人もいれば、一方で「特に問題はありませんでしたね」という通知で終わり、という人も少なからずいます。税務調査官は調査して不正不備の有無を明らかにすることが仕事ですから「疑ったけれどシロだった」という結果になっても、べつに問題はありません。

しかし、どんな相手でもいったん疑いの目で見始めると、どうしてもあやしく見えてしまうものです。そう考えると、**税務調査はだれのところにも来る**可能性があります。

税金をちゃんと払っていても、払っていなくても「払っていない税金があるんじゃないか」と疑われれば、税務調査がやってくる可能性はあるのです。

では、どんな人が疑われやすいのでしょうか。

安い人より高い人に来る？わけではない

「所得が1000万円に達しないと税務調査は来ない」というウワサがあるそうですが、これは間違い。

税務署の担当者も「どうせ調査に入るんだったら、成果を上げたい」と当然思います。だから「所得が高い人のところに行くのでは？」と思いがちです。

しかし、所得が1000万円の人と400万円の人と、どちらに行くのかは、それだけではわかりません。

売り上げや利益よりも、**あなたの生活と所得が見合うかどうか、が問題**です。

生活実態と申告している所得が見合わずに、乖離《かいり》が大きい人ほど税務調査は来やすい、といえます。

家族構成や生活の状況を見て判断するからです。

たとえば、所得をたった100万円で申告している人に扶養家族が5人もいたら、あるいは、その人が2000万円の車を買っていたりしたら、不自然ですよね。「もっと収入が別にあるんじゃないか」と税務署も疑います。

単純に**売り上げが高いか低いかではなく、所得を見ている**のです。

「現実的に考えて、その収入でその生活をまかなうのは、無理でしょう」という人が疑われて、調査対象になりやすい、というのが私の経験則です。

私が担当したなかで、実際の売り上げと申告金額の差がいちばん大きかったのは、190０万円も売り上げているにもかかわらず、売り上げは980万円として所得税の申告をしていたケースでした。1年間で1000万円の所得を隠していました。

お子さんが数人いて教育費がかさんだり、親の介護や自宅の増改築で生活費がかかっていたり、といった事情があり、それは理解できるのですが、やはり、税金を払った後の金額で生活をしていただくのが基本です。

調査期間は7年分となり、私も援護射撃はしましたが、さすがに大幅に減らすことは難しく、その方はかなりの額の追徴税を支払うことになりました。

いちばん所得の低い人

私が担当するお客さんのほとんどは、売上額が1000万～2000万円の方々です。しかし、どんなことにも例外はあります。

過去には、「ふつうに考えれば、絶対に税務調査に入るわけがないだろう」という方に税務調査が入ったことがありました。

私が担当したお客さんのなかで、いちばん所得が低かったのは、自宅で内職をしていた奥さん（専業主婦）でした。

税務署が来る、とおびえて泣きそうになっている奥さんの話を聞いてみると、月に10万円をちょっと出るくらいの収入がありました。年間の売り上げにすると百数十万円です。

そんな人になぜ税務調査が？　と正直思いました。もしや株など投資で儲けていたり、不動産物件を所有していたりしませんか、としつこく確認しましたが、それらはナシ。本当に、**年間でたった百数十万円の売り上げしか収入のない方**でした。

でも、それだけの収入でも、申告義務はあります。

彼女は**無申告**でした。

妻の側に所得が発生すると夫の扶養控除が使えなくなってしまいます。旦那《だんな》さんの職場にも迷惑がかかってしまうことを、彼女は非常に気にしていました。

「このままではアウトだな」と私は思いました。経費を聞くと「ある程度はかかっているんですけど……」と言いながら、記録は取っていないし、領収書などもすべて捨ててしまっていると言います。

とりあえず、私は奥さんにヒアリングして1カ月間に発生する経費の金額をざっと洗い出し、「これを12倍すれば年間の経費が出ますよね。年間の売り上げから経費を引いたところで、基礎控除内でおさまるので大丈夫です」という形を作りました。

しかし、それだけでは税務調査官は信用してくれない様子です。そこで「じゃあ実績を見てください」と提案して、1カ月間の猶予《ゆうよ》をもらい、その月の領収書は保存するよう指示しました。

奥さんの内職では想定した通りに経費が発生したので、「たしかにこれは嘘とはいえない」という数字で申告することができました。

調査期間は1年だけということも幸いして、余分な税金を払わずにすみ一件落着、となりました。

しかし、その奥さんのところになぜ税務調査が来たのかはいまだに謎のままです。

仮説として、新人教育の一環で調査をおこなったのではないか（後述する『10年職歴』を見ると、調査官の1人は高校を出てまだ数年でした）。あるいは、マイナンバーと扶養控除を紐《ひも》づけるテストケースだったのではないか（時期的にちょうどマイナンバー制度が導入されたタイミングでした）……といろいろ考えられるのですが、税務署側の本来の狙いを知るすべはないため、いずれも憶測《おくそく》の域を出ません。

なぜこの人に税務調査が入ったのか、これほど不可解な事例は、後にも先にもこの奥さんの場合だけです。税務調査はだれにでも入る可能性がある、ということがわかります。

芋づる式に来ることも

「元請《もとう》けに調査が入った、うちも狙われているんじゃないか」と税務調査の気配を感じて相談にくるお客さんもいます。

元請けの支払いが、そのまま下請けの収入ですから、実際、芋づる式に税務調査が来ることもよくあります。

取引先に対して税務調査をするかしないか、する場合は、どの取引先に行くのか、といったことは調査官の判断に委《ゆだ》ねられています。

本音をいうと、**得意先にとってその人の取引額がどれぐらいの順位なのか**、というところがポイントです。**上位にいると、税務調査の対象になりやすい**傾向にあります。確定申告の内容ももちろん関わってきます。

みせしめで入ることは?

いわゆる「みせしめ」で税務調査が入ることがある、というウワサもあるそうです。

基本的には守秘義務があるため、だれに税務調査が入ってどんな結果になったか、公表されることはありません。そういう意味では「みせしめ」はないともいえますが……。

ニュースやワイドショーをたまに騒がせる著名人の脱税事件が「みせしめ」といえるのではないでしょうか。税金がらみのことは、税務署側からリークしなければ、マスコミに知られることはありませんから。

脳科学者の茂木健一郎《もぎけんいちろう》さん、お笑いコンビ「チュートリアル」の徳井義実《とくいよしみ》さん、元「青汁王子」こと三崎優太《みさきゆうた》さん……などが記憶に新しいところです。

税務調査に入られやすい職業がある？

「税務調査に入られやすい職業」は「脱税しやすい（脱税が疑われやすい）職業」だと言うこともできます。しかし、もしそんな職業があれば、税務署がすでに対策を打っているでしょう。税務調査に入られやすい職業なんてなく、税務調査が入るかどうかは平等だ、というのが建て前です。

しかし、私が日々接しているお客さんの職業には明らかに偏《かたよ》りがあります。

あくまで私の経験からですが、税務調査に入られやすいのは次の職業の方々です。

・建築建設業の一人親方

・業務委託で働くエンジニア、プログラマー
・飲食店経営者
・仮想通貨の売買等で大きく儲けた人

これらの税務調査に入られやすい職業には、ある共通点があります。
一言でいうと**「取引の証拠が残りにくい職業」**です。

・**現金商売（売り上げを抜きやすい、経費をごまかしやすい）**
・**小規模な取引（逆に金額が大きな取引は記録が残りやすい）**
・**小企業や個人事業主（第三者が入らずに自分自身で申告をする）**

あなたの職業に**この3つが当てはまったら、取引金額の大小にかかわらず、税務署に目をつけられやすい**といえます。税務調査を意識しておいたほうがいいでしょう。

公務員にだって税務調査が入る可能性がある

「公務員や会社員には税務調査が入らない」と思い込んでいる人がいますが、じつは、そん

なことはありません。

所得がある人ならだれでも、税務調査が当たる可能性があります。会社員でも公務員でも、職業は関係ありません。

ちなみに、会社員など年末調整をしている給与所得者の場合、**副収入があっても年間の所得が20万円以下の場合は申告義務がありません。**これは公務員も同じです。

ズルを継続していると当たりやすい

売り上げや経費のごまかしといったズルをして不正に所得税を抑えたとしても、それを始めて1～2年で税務調査が来ることはまずありません。しかし、

「去年も今年もズルをして大丈夫だったから、これはセーフなんだ」

と安易に考えて、ずるずるとズルを続けるのは絶対にやめておきましょう。

税務署の担当者は「この人、去年も一昨年も税務調査の候補者リストに名前が載っていたけど調査に行かなかったな。今年もまた名前があるから行こう」と考えるかもしれません。

私の経験からいうと、ほとんどがちょうど**「ズルを始めてから5年」で税務調査**が来ています。たまたまかもしれませんが、あまりに5年が続くので、これはわざとなのかもしれない、と思っています。

追徴課税も1～2年より、5年間累積することで額が多くなります。

なかには、5年間脱税を重ねていても税務調査がまったく来ない、という人もいます。10年、20年と続けても運よく（？）税務調査がやってこない人もいます。

ただ、税務調査が来るか来ないかを運に任せて、リスキーな道を歩むのは危険すぎるのではないでしょうか。

起業して3年以上

起業して1～2年目の人に税務調査が入ることはあまりありません。多くは起業して3年以上です。

起業してまもない1～2年目は、利益が少ないため、ということもあるでしょうが、税務調査は3年、5年、7年とさかのぼっておこなうことができます。せっかく税務調査に出向くのですから、税務署も「どうせなら1年より3年、5年で税金をまとめて取りたい」と考えるのです。

個人で売り上げが低いと思っていても

「自分はそれほど売り上げが上がっていないから、税務調査なんか来ない」

そう思い込んでいる個人事業主の方がいますが、これは非常に危険な考え方です。

たとえば、毎年約1500万円を売り上げ、経費が700万円で、所得が800万円の人を例にとってみましょう。

5年間の調査が入ったとして、800万円×5年間で約4000万円の所得になります。それに対する税率は、もろもろ合わせると3割より少し多いくらい、ということは、**税額でいうと1400万円近い金額に**なってしまいます。

個人でも、数年分が累積すると「たいしたことない」なんて絶対言えない金額になってしまいます。くれぐれも注意してください。

赤字会社でも来る

法人化している場合「うちは赤字だから税務調査なんか来るわけがない」と思い込んで油断していたら、税務調査が来て青くなった、というケースがあります。

もしその会社が未来永劫《えいごう》ずっと赤字であれば、税務署としても調査に行くメリットはありませんが、その赤字は適切かどうか、**税金を逃《のが》れるために意図して赤字にしているのではないか**と疑われて税務調査が入ることがあります。

累積させた赤字（繰越欠損金）は、将来、利益が出たときに相殺できるからです。

たとえば3年間ずっと赤字の会社で、累積1億円の赤字がストックされました、4年目に利益が1億円出た場合、累積している1億円の赤字と相殺できますから、税金はゼロにできます。

赤字幅をためておくと節税のタマとして使えるということです（大法人は制限あり）。

将来の黒字と相殺することを狙って赤字をストックしていないか、その赤字幅は適切か。赤字幅を正しく測定しようとして税務調査が入ることもありえます。

「売り上げ1000万円前後」の人

所得や売り上げも税務調査の入られやすさに影響します。

税務調査に入られやすい売上額はズバリ1000万円を少し割った金額です。

所得税の税務調査で調査するのは、じつは所得税だけではありません。

売り上げ1000万円を超えると消費税の課税業者になるため、税務調査官は所得税の調査のついでに、消費税の調査もおこない、一石二鳥、ダブルで税金を取ろうと考えます。

具体的には、**所得ベースで500万〜600万円くらい、売り上げ800万〜980万円前後で確定申告している人は、要注意**です。税務調査が入った結果、「消費税の課税業者でしたね」といわれ、莫大《ばくだい》な税額を請求されてしまうことが多々あります。

税務調査は「交通事故」

私はよく「税務調査は交通事故のようなものだから」とお客さんに伝えています。

信号無視やスピード違反など危なっかしい運転をしている人のほうが、交通事故に遭《あ》いやすいように、**危なっかしい確定申告をしている人、脱税幅が多そうに見える人ほど税務調査に当たりやすい**、という事実があるからです。

交通事故を避けるために安全運転が必要なように、税務調査を避けるためには、正しい申告と納税が必要です。

しかし、世の中にはどんなに危険な運転をしていても不思議に事故に遭わない悪運の強い人もいます。税務調査も、長年ごまかしを続けているのに当たらない人がいます。

逆に、安全運転をしているのに「もらい事故」でケガをしてしまう不運な人がいるように、取引先の巻き添えを食って、税務調査でペナルティがついてしまうこともあります。

同じような事故に遭っても、命に関わるような大ケガをしてしまう人もいれば、かすり傷だけですんでしまう人もいる、というところも、交通事故と税務調査は似ているような気がします。

税務署はあなたの収入を見張っている

個人の経済活動は税務署に筒抜け

ところで、ここまで読んだ方の中には「なぜ、税務署はいい加減な申告がわかるのだろう?」と疑問を抱いた方もいるでしょう。

じつは、私たちの経済活動は税務署にバレバレなのです。

全国の国税局や税務署をコンピュータ・ネットワークで結び、「KSKシステム(国税総合管理システム)」というオンラインシステムで全国の税務情報を集約・管理し、お金の動きを監視しているのです。

現在、KSKシステムには課税・徴収・債権管理など24の業務システムがあり、全国の国税局や税務署の端末から、納税者ごとに詳細なデータを見ることができます。

税務調査の対象を決める際には、KSKシステムを使って、まずは調査の対象を浮かび上がらせ、そこから実際の調査対象を絞《しぼ》り込んでいきます。

毎年の確定申告の情報から、その人がどのくらいの年収を得ていたか、過去にどういう財産を相続したか、不動産を売っていくらの収入を得ているか、どんな税金をいくら払ったか……などの情報、さらに銀行や不動産会社、自動車ディーラーなどの取引に関する情報も、KSKシステムに集約され、一元管理されています。

といっても、ディーラーやハウスメーカーが「どうぞ」と税務署に顧客情報を差し出しているわけではないでしょう。

税務署は企業にも税務調査に入ります。調査に行った先々で、だれが何を買ったか、だれに仕事を発注して、いくら払ったか、といった取引の記録を入手し、データベースに蓄積しているのです。

最近、国税局の知人から聞いた話では、中堅以上の規模の企業には、情報収集を目的として税務調査に入ることすらあるそうです。

また、税務署には銀行の預金履歴を閲覧《えつらん》する権利があります。

税務調査に協力しない納税者に対して「では、こちらで銀行に照会します」と銀行のデータを入手できるわけです。

そこから振込先などをどんどん芋づる式に引っ張り出して、すべての情報をKSKシステムに放り込んでいくと、だんだん集約されていく、という面もあるでしょう。

さらに、**仮想通貨の取引や、「メルカリ」などのフリマアプリ、「ヤフオク」などのネットオークションなどについては、国税庁所属の「電子商取引専門調査チーム」（略称：電商チーム）**」が目を光らせています。

「インターネット取引の専門家集団である彼らが、個人・法人を問わず、ネット上のあやしい取引を見張っているのです。

警察と税務署しか知らない都内某所の秘密倉庫

かつて私が、警察にいたことは「はじめに」に書いたとおりです。当時、詐欺《さぎ》犯の捜査の一環で、時折訪れる場所がありました。

それは都内某所《ぼうしょ》（場所は伏せておきます）にある、人けのない大きな倉庫。その場所を知るのは、一部の銀行員と税務署員、そして、われわれ警察官だけでした。

いかにも悪のシンジケートの秘密取引がおこなわれそうな倉庫に眠っていたのは、膨大《ぼうだい》な紙の束《たば》。

そこには、銀行の協力によって、みなさんが銀行取引の際に使用した振込依頼書などの伝票がすべて保管されているのです。

犯罪捜査では、保管されている伝票を借り、そこから指紋を浮かび上がらせて「たしかに犯人が払い出した」という証拠をつかんだこともありました。

あるいは、そこにある端末で振り込み履歴からお金の流れを特定し、詐欺犯の共犯を暴いたこともありました。

ふだんの生活で、一般の方は銀行で書いた伝票のゆくえなんて想像したこともないでしょう。

ふつうはバレないだろう、と犯罪者が思っていることの裏を突き、地道に証拠を固めていくのが捜査です。警察だからそこまでするのだろう、と思う方もいると思います。

しかし、その倉庫の利用者の9割は税務署員でした。

税務調査と警察捜査、それぞれ立場は違えど、非常によく似た手法を使って調べているのです。

KSKシステムの刷新

KSKシステムが導入されていることで、個人の経済生活が丸見えになってしまう、という点については、いろいろな意見がありますが、KSKシステムは申告書の計算ミスの発見など、税務署の業務効率化にも役立っています。

また、私たち一般市民にとっても、還付金《かんぷきん》の振り込みや納税証明書の発行が早くなるなど、メリットはあります。

現行のＫＳＫシステムにはアナログな部分も残っており、情報を〝紙〟に打ち出して運用しています。

将来はこれをデータのまま活用できるように、システムの次世代化が進められています。この次世代ＫＳＫシステムは令和８事務年度からの実施が想定されています。

そうなれば、調査対象者の選定方法にも、なんらかの変化があるかもしれません。

調査が入るとブラックリストに？

「税務調査が入るとブラックリストに載ってしまうのか？」

という疑問を抱く人が少なくありません。

税務署は内部資料として納税者ごとに「税歴」を記録しているのですが、一度税務調査が入るとその「税歴」に悪い評価が残ってしまいます。

税歴に悪い評価があると税務調査が入りやすい、という意見もネットに散見されますが、そうと決まっているわけではありません。

同じくらいのあやしさ、同じくらいの金額で並んでいたら、税歴に記録のある人のほうが「この人、前も税務調査に入ったのにまだ懲《こ》りていないんだな」と思われてしまう可能性は高くなりますが、正しく申告をしていれば、税務署がいくら性悪説でも疑われにくくなり、税務調査が入る可能性も低くなります。

税務調査で失うのはお金だけじゃない

税務調査で失うもの

税務調査で失うのは、お金だけではありません。

調査によってこれまでの行動が明らかになることで、大切な人間関係や信用が壊れてしまったり、お金とは別の大切なものを失ってしまった人を、私は何人も見てきました。

税務調査のせいで愛人の存在が奥さんにバレて、家庭を壊してしまった人……

副業がバレて、仕事を辞めざるを得なかった人……

リベート、キックバック等の不正行為がバレて、取引停止に追い込まれた人……
反面調査で取引先の信頼を失ってしまった人……
税務調査のストレスでうつ病になり、自殺に追い込まれた人……

まさか、と思うでしょうか。しかし、どれも実際にあったことです。

愛人バレで家庭もボロボロに

フリーライターのHさんは、愛人へ毎月渡すお金を「外注費」として処理していました。経理担当の奥さんにもバレておらず、Hさんは「愛人と節税の両立♪」と調子よく喜んでいました。

しかし、税務調査がきっかけで、修羅場《しゅらば》が訪れたのです。

税務調査官はHさんの奥さんがつけた帳簿を見ながら、さりげなく聞きました。

「Bさんという方に対して毎月20万円も払っていますけど、これは何のお金ですか？」

「それは、外注で、仕事を頼んで……」

しどろもどろに答えるHさんの表情に「あやしい！」とピンときたのは、税務調査官ではなく、その場にいた経理担当の奥さんでした。

「あなた！　愛人への手当を外注費と偽《いつわ》って、私に帳簿をつけさせていたのね！」

脱税と愛人の両方がバレてしまいました。

もしも「外注費」としてごまかしていたら

Hさんのケースは、奥さんの勘が働いたからバレた、ともいえます。

では、もしもHさんが独身で、恋人に「外注費」と偽ってお金を渡していたらどうだったでしょう？

あるいは奥さんと共謀して、親戚や友人などに「外注費」と偽ってお金を渡していた場合は？

どちらもアウトです。

税務調査が入れば、それらのごまかしは一瞬でバレてしまいます。

うまくごまかせているなと調子に乗っている今この瞬間にも、税務署はチェックの目を光らせています。いつでも税務調査が入る可能性があるのです。

税務調査のストレスでうつ病、自殺……

税務調査が来るとなったとき、あるいは税務調査の結果を待っている間、ふつうは、不安と緊張でいっぱいになってしまうものです。

なかには必要以上におそれたり、払えないほどの多額の税金がかかってくるのではないかとおびえたり、逮捕されるんじゃないかと疑心暗鬼になったり……。ストレスでうつ病を発症したり、自殺してしまう人さえいます。

死んだ後は遺族が引き継ぐ

税務調査の重圧に耐えきれずに、当事者が自殺してしまった場合でも、税務署は「かわいそうだから許してあげよう」などということはありません。

払わなければならない税金は、遺族が相続して引き継ぐことになります。

本当にお気の毒だとは思います。家族を亡くした悲しみだけでなく、税金の支払いという苦労まで降りかかってくるのですから。

生きてさえいれば、お金は後からでも稼ぐことはできるでしょう。安易に死を選ぶことは厳《げん》に慎《つつし》んでほしい、と心から願います。

だからこそ、「税務調査で追い詰められるくらい悩むより、最初からちゃんと税金を払ったほうがいい」と、声を大にしてお伝えしたいのです。

第2章

税務調査と税の基礎知識

「税務調査」って、そもそも何？

本書は税務調査について解説していますが、そもそも「税務調査って何？」という方も多いと思います。

税務調査とは

「税務調査」とは、税金の申告に不正や誤りがないかどうかを、税務署員が直接調査し、納税者の誤りを正すものです。税務調査官が調査対象者の事務所や自宅などを訪問して、仕事関係の書類をチェックしたり、税金や経理に関する質問をして調べます。

税務調査を受ける側には大きな負担がのしかかります。

調査前は、税務署が調査に来るという心理的なプレッシャー。

税務署員が威圧的な態度で接してくることはまずありませんが、やはりプレッシャーを感じるのが人情ではないでしょうか。

「何かマズいことをしたのか」「変な言いがかりをつけられて税を取られるのではないか」「あれこれほじくり返されて不備を指摘されるのでは」「嘘やごまかしがバレてしまう」「う

まく答えられない質問をされたらどうしよう」「説教されてしまうのではないか」などと考え出したらきりがありません。

特に、売り上げをごまかしていたり、経費を余分につけていたりする場合は、仕事も手につかないほど心配になってしまう人が多くいます。

調査の当日は、税務調査のおかげで仕事になりません。

税務調査官に対応する時間は、税務調査が入らなければ本業に使って稼いだり、家族や恋人とゆっくり過ごせたかもしれない時間です。税務調査に時間を奪《うば》われるのは大きな損失であり、負担です。

当日、いきなり「××の書類が必要です」と言われてそれを揃《そろ》える労力や、何回も税務署に呼び出されるといったわずらわしさもあります。

調査終了後は、結果によっては追徴課税など金銭的なマイナスが重くのしかかります。

実際、私のところに面談にきて初めてビックリされる方も多いのですが、納付税額がその人の１年間の所得の数倍になってしまうことも、じつは珍しくありません。

所得税だけでなく住民税も事業税もあるため、想像するよりも高くなってしまうことが多いのです。

税務調査は「七五三」

しかも、調査対象は1年間だけではありません。調査員の裁量で1年分だけの調査となることもありますが、多くの場合、税務調査の対象は複数年にわたります。

基本的な税務調査は過去3年、問題が見つかった場合は過去5年、悪質だと疑われる場合は最長で7年前までさかのぼって調査されます。ゴロ合わせ的にいえば「税務調査は七五三」（まあ、覚える必要はありませんが）。

そして申告ミスが見つかった場合は、その期間の税金の不足分と、それにプラスしてペナルティとして加算税や延滞税などが課せられます。

たとえば、1年分で50万円払わなければならないとなったとき、調査対象年が3年から7年に変更になったら、3年分150万円でも多い負担なのに、「7年分350万円なんてとても無理」……という方も少なくないでしょう。

また、税務調査は脱税している人のところにだけ訪れるのではありません。正しく申告している人のところにも来ます。自分では正しく申告しているつもりでも、**税務調査官との**

「見解の相違」で申告漏れが発生してしまうこともありえます。

なぜ税務調査はおこなわれるのか

「できれば一生受けたくない」という人がほとんどで、税務署側としても調査官を動員するなどコストが高そうな税務調査は、なぜおこなわれているのでしょうか。

これは、税金を払う人が自分で税金の額を計算して納付する「申告納税制度」が採用されているからです。

会社員の場合は、会社から受け取る給料から、社会保険料などと一緒に所得税が差し引かれています。「手取り額」ベースで自分の給料を考えている人が多いでしょう。

しかし、個人事業主の事業収入や会社員の副業収入の場合、所得税や消費税は、自分で計算します。そのため、間違いやごまかしが生じやすくなっています。

そこで、そんな人に対して、国税庁の管轄《かんかつ》下にある税務署が、調査や指導をおこなうというものです。

税務調査のやり方については、さまざまな税金に共通する部分をとりまとめた「国税通則法」という法律で定められています。

本書ではおもに個人事業主や法人化（法人成《な》り）した個人、副業で収入のある人の所得税について説明していますが、税務調査は、所得税と消費税だけでなく、相続税や法人税などについてもおこなわれています。

マルサが来る⁉

税務署員が来るというと「マルサが来るの？　こわい！」とおびえてしまう人がたまにいますが、安心してください、個人や小規模事業者の税務調査に、国税局査察部《ささつ》（通称マルサ）が来ることはまずありません。

税務調査には査察（強制調査）と任意調査の2種類があります。

不正な手段で故意に脱税したと疑われ、しかも、逃亡もしくは証拠隠滅《いんめつ》のおそれがあるときには、国税局の査察がおこなわれます。

映画やドラマでは、ある日突然、黒スーツ姿の男女が大きな段ボールを持ってやってきて、書類を押収するシーンがたまにありますが、それがこの強制調査です。

強制調査をするには、裁判官が発行する令状が必要です。マルサは裁判所から入手した令状を持って、大勢で乗り込んできます（ガサ入れ）。彼らの目的は対象者を起訴《きそ》して有罪を勝ち取ることなので、容赦がありません。犯罪捜査に近い感覚があります。

税務調査がこわいという人が多いのは、この強制捜査のイメージがあるからでしょう。

ちなみに、国税局には強制調査のマルサとは別に、任意調査ではありますが、資料調査課（通称コメ、リョウチョウ）という部門もあります。マルサが主として逮捕・起訴目的なのに対し、こちらは徴税目的です。金額的には何千万円、億のちょっと手前の脱税などが疑われるときに動きます。

それに対して、一般の人々に対する税務調査の大部分は税務署による任意調査です。基本的には、お互いに都合のいい日時にアポイントメントを取り、調査官が訪れるというもの。調査官の態度はふつうに紳士的で、無理に書類を押収したりすることはありません。

税務調査はどこまで拒否できる？

「任意なら断れるんじゃないの？」と思う方もいるでしょう。

刑事ドラマを見ていると、ときどき「任意の取り調べなのだから帰らせてもらいます！」と、ワケありの関係者が取調室から出ていくシーンがあったりしますが、税務調査もそんなふうに「任意だからお断りします！」とバシッと断ってもいいんじゃないか、と思うのも無理はないと思います。

しかし、それは、まずできません。

国税庁や税務署の職員は「質問検査権」という権限を持っており、私たちにはそれに答えなければならないとされています。

そのため、調査官の質問に対して正当な理由なく答えなかったり、嘘をついたりすると罰則（1年以下の懲役《ちょうえき》、または50万円以下の罰金）を科せられる可能性があります。

任意というのは言葉だけ。こういった罰則があるため、実質は強制に近く「間接強制調査」とさえいわれています。罰則を受ければ断れますが、私の知るかぎり、罰則を受けてでも断る、という人はまずいません。

税務調査は「任意」だから断れる、ではなく、任意だけど断れない、と思ったほうがいいでしょう。

本当にこわい反面調査

反面調査とは

税務調査の対象となっている個人や会社の取引先等を調査することを「反面調査」といいます。税務調査官が取引先に調査に出向き、調査対象となっている人の記録と、その取引先が保管している取引の記録とを照らし合わせることで、調査対象者の記録に間違いがないかどうか確認するのです。

反面調査の対象は、すべての取引先です。もし、あなたの大切な取引先に「そちらの会社とお仕事をしている××さんについて、取引内容を確認したいので記録を見せてほしい」と、税務署が反面調査に行ったらどうでしょう。

あなたが税務調査に入られるのが嫌だと感じるのと同様、取引先も「なぜ直接関係ないうちが巻き込まれるのか」「税務署に帳簿を見せてあれこれ聞かれるのは不愉快」「業務中にわざわざ時間を取られるのは困る」と思うことは想像に難《かた》くありません。

「取引先に迷惑がかかりそうだし、イメージも悪くなりそうだ」と危惧《きぐ》する人が多いのも当然でしょう。

■反面調査のイメージ

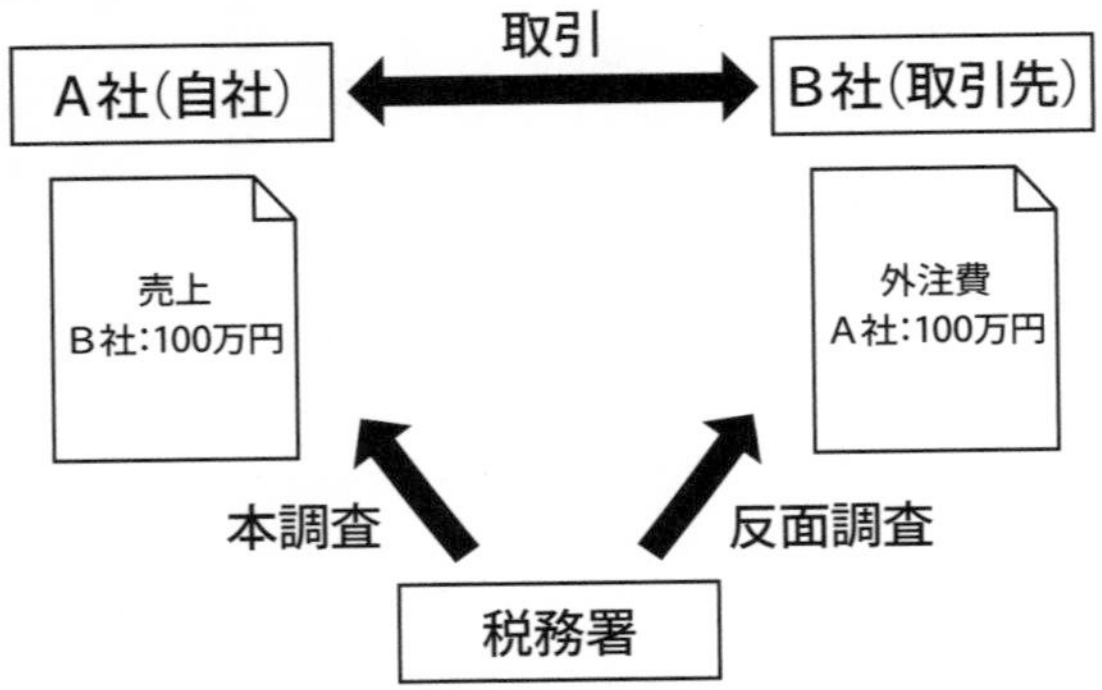

正しい取引ならA社とB社の金額は一致する

国税局でもそれは心得ていて、反面調査の対象となった人が不利益を被《こうむ》らないように「反面調査は最低限必要なときのみおこなう」と定められています。

だからといって、ダメージがゼロとは言い切れません。たとえば税務署から、こんな失礼なことを聞かれたらどうでしょう。

大切な得意先に「これ、リベート（割り戻し）じゃないですか？」

信頼して仕事を任せている外注先に「本当にこれだけ受け取ってますか？」「あなた、ちゃんと申告してます？」

さらに「外注」と偽《いつわ》ってお手当を毎月渡していた愛人に「このお金は何のお金ですか？」

税務署はこのように**お金の流れをたどって、どこまでも、どこまでも追及**してきます。あなたの信用が下がったり、マイナスイメージがつく可能性だけでなく、**「××さんは税務署に調べられるようなことをしているのなら、今後もお付き合いしていくかどうかを考えないと」**となってしまう可能性もゼロではありません。

反面調査は拒否できる？

反面調査は次のような場合におこなわれます。

- 調査に耐えうる帳簿などの書類を揃えていない、見せないとき
- 請求書や領収書の改竄《かいざん》などをしているとき
- 嘘やごまかしをしているとき、質問に答えないとき

つまり、税務調査にあたって、調査対象の調査だけでは事実の裏付けがとれない場合に反面調査がおこなわれる、ということです。逆にいえば、**調査対象の調査だけで、確実に事実の裏付けがとれれば、反面調査がおこなわれることは通常ありません。**

いくら「最低限必要なときのみおこなう」といっても、ダメージがないとはいえないのが反面調査です。できればやめてほしい、とだれもが思います。

では、**反面調査は拒否できるのでしょうか。**

答えはＮＯです。

先に説明した国税庁や税務署の職員が持つ「質問検査権」は、反面調査に対しても有効なのです。

王道は適切に申告すること

税務調査に入られない方法

「税務調査に入られるのは嫌だ！」

だれもがそう思います。

では、税務調査に入られないようにするにはどうしたらいいでしょうか？

答えは１つしかありません。**適切に確定申告をすること**です。

適切に確定申告をしていれば、疑われなくなりますから、税務調査が入りにくくなります。

万が一、税務調査が入ったとしても、余計な税金を払わなくてもいいし、調査官の問いに答えられなくて困る、なんてことはありません。

ある意味、学生時代の授業態度と似ているかもしれません。授業中、先生に当てられないように気配を消した経験はありませんか。税務署に目をつけられないコツも同じ。**目立たないのがいちばん**です。すべきことをして、余計なことはしない……つまり、確定申告をきちんとおこない、その内容をごまかさないということに尽きるのです。

税金のプロである税理士として、私は心からそう思っていますが、それは、あくまでも税金を取る側に立った正論であることも承知しています。

私のところには「それはわかっているけど……」というお客さんが大勢訪ねてきます。税金の知識がなかったり、計算が苦手だったり、日々の暮らしに追われていたり、欲に負けてしまったり……。でも人間、だれしも弱い部分を抱えているものです。

税金を取る側に加担して、そういった弱さを持つ人に対して「お上《かみ》のいうとおり払いなさい」と、「指導」する税理士もいます。しかし、そのように正論を通すだけでいいのか。私には別の道もあるような気がしてならないのです。

法はしっかりと守りながら、お客さんの事情にきめ細かに対応し、杓子定規《しゃくし》な正論とどのように折り合いをつけるか――それこそが交渉であり、税理士の腕の見せどころではないかと思うのです。

確定申告とは

話を確定申告に進めましょう。

確定申告がどんなものかは多くの方がわかっているとは思いますが、ここで復習しておきます。確定申告とは……。

所得税の確定申告は、毎年1月1日から12月31日までの1年間に生じた全ての所得の金額とそれに対する所得税及び復興特別所得税の額を計算し、申告期限までに確定申告書を提出して、源泉徴収された税金や予定納税で納めた税金などとの過不足を精算する手続きです。

（国税庁ＨＰ「所得税及び復興特別所得税の確定申告とは」）

確定申告とは要するに、1年間の収入と税金を計算して、その金額を「確定」して「申告」する制度です。

本書ではおもに所得税の確定申告を扱っていますが、消費税、相続税、贈与税などの税金も確定申告の対象になります（税によって申告の詳細は違います）。

ここでこんな疑問がわいてきませんか？

「でも、私が受け取るお金から『源泉徴収』がされているけれど、これってもう税金を払ったということじゃないの？」

そう、そのとおり。受け取るお金から源泉徴収されている場合は、支払う側が税金を計算してあらかじめ税金を国に納めています。しかし、だからといって、それで税金関係が終わり、というわけにはいきません。

あらかじめ引かれた源泉徴収の金額は、実際にその人が支払わなければいけない税金の金額とズレてしまうことがほとんどです。

１ヵ所からしかお金をもらっていない会社員の場合でも、ズレが生じるため、年に１回、経理の人が計算して「年末調整」で調整してもらえます。

会社に所属していない自営業者やフリーランス、あるいは会社以外の収入がある人などは、自分の力で計算してそのズレを修正する必要があります。そのためにも確定申告があるのです。

確定申告しなければいけない人

次のような人は、所得税の確定申告をしなければなりません。

・個人事業主（自営業やフリーランス）で収入がある人
・副業・投資などの所得がある人
・会社員・公務員で複数のところから給料を受け取っている人
・その他、会社員・公務員で年収が2000万円以上ある人、退職金を受け取って源泉徴収されていない人や年間400万円を超える額の公的年金を受け取っている人

本書で話題にしているのはおもに「個人事業主（自営業やフリーランス）で収入がある人」と「副業・投資などの所得がある人」です。

副業でも確定申告しなくてはいけないというと、こんな声が聞こえてきそうです。

「えーっ、たった数万円の副業収入のために、確定申告をするなんて、面倒……」

ですよね。国税庁も、さすがに年間数万円の副業でいちいち確定申告をしろ、なんてことはいいません。

会社員の副業は年間20万円以下の場合は、確定申告は不要です。

本業がヒマなときに、ちょっとアルバイトする、といった程度の副業だったら20万円を超えない方も多いのではないでしょうか。

副業で決まった額の収入が毎月ある場合、どうなるのか計算してみると、

「20万円÷12ヵ月＝約1万6666円」

です。ボーダーラインは1ヵ月に約1万6000円と、意外に少額です。

「毎月2万円程度のおこづかい稼ぎだから大丈夫のはず」などと安心していると、案外引っかかってしまうので要注意です。

公務員の配偶者の副業

27ページで紹介した「ケース5：専業主婦の枠を超えてしまった専業主婦Yさん」の夫は会社員でした。これがもし、夫が公務員だったらどうなるでしょう。

妻のYさんが仕入れたキャラクターグッズの転売で上げた利益は妻の収入となるはずです。しかし、そのグッズは夫のクレジットカードで購入していました。仕入れた人がその事業をおこなっていると判断されたら、公務員の夫の副業に該当してしまいます。

公務員は基本的に副業禁止です。

しかし、その妻や夫などの配偶者がビジネスをすることには、何の制約もありません。

職場によっては「休日に配偶者の仕事を手伝う」ということで副業の届け出をすれば、受理してもらえる可能性もあるでしょう。公務員でも、地域貢献になる活動や、家業の手伝い、講演や執筆など、職場にきちんと届け出をして許可を得れば副業ができる場合もあるからです。

Yさんのケースのように、**配偶者がビジネスをしている公務員は、本人が副業の当事者であると判断されないように気をつけることが大切**です。

そのためには、**事業主となる配偶者は、所得が一定ラインを超えたら税金、社会保険料を納める**といったことが必要です（所得45万円超で住民税の納付義務、所得48万円超で所得税の納付義務、所得130万円で社会保険料の加入義務が発生します）。

また、税務調査が入った際に、事業主である配偶者がきちんと対応できなければ、公務員本人の副業ではないかと疑われてしまうので、注意しましょう。

確定申告したほうがいい人

なかにはこんな方もいるでしょう。

「専業フリーランスだけど、全然儲かっていないよ。源泉徴収で税金を引かれたうえに、さらに税金を取られるの？」

そういう人ほど確定申告をおすすめします。

本当に儲かっていない場合は、確定申告することによって、払いすぎた税金が返ってきます。これを「還付申告」といいます。

お金が返ってくるなら、確定申告したほうがいいですよね。

税金は、ごく大雑把《おおざっぱ》にいうと、収入から経費を引いて出した金額（所得）に、税率をかけて計算します。

この計算で出た数字が、源泉徴収ですでに支払い済みの金額を下回った場合、差額が返還されるのです。

収入から経費を引いた額がすでにマイナスになっている場合は、支払った税金が全額戻ってきます。これは本業でも副業でも変わりはありません。

還付申告は5年間さかのぼっておこなうことができますが、義務ではありません。国としては「絶対に還付してあげたい」という優しい気持ちは持ち合わせていないのです。

ちょっと本筋からズレますが、次のようなケースも還付申告になります。当てはまったらぜひ還付申告をして、払いすぎた税金を取り戻しましょう。

・多くの医療費がかかってしまった
・寄付金控除を受けたい
・年度の途中で退職して年末調整を受けていない

白色申告と青色申告

確定申告には「白色《しろいろ》」「青色《あおいろ》」の2種類がある、と聞いたことはありませんか？

「俺はブルーカラーだから、青色だなっ！」

こんなカンチガイをしている人はいないと思いますが、白と青の違いを知っておきましょう。

白色申告は、個人法人問わず、基本の申告方法です。

青色申告は、税制上の優遇がある申告方法。青色申告を選択するには届け出をするなど所定の条件を満たさなければなりません。

表にすると75ページのような感じです。

白色申告のほうがよりシンプルで、青色申告は複雑、その代わりに優遇もあるということ

■白色申告と青色申告の違い

<table>
<tr><th rowspan="2"></th><th rowspan="2">白色申告</th><th colspan="4">青色申告</th></tr>
<tr><th colspan="2">10万円
控除</th><th>55万円
控除</th><th>65万円
控除</th></tr>
<tr><th>特別控除</th><td>なし</td><td colspan="2">10万円</td><td>55万円</td><td>65万円</td></tr>
<tr><th>届け出</th><td>不要</td><td colspan="4">必要</td></tr>
<tr><th>所得要件</th><td>なし</td><td>前々年の
所得が
300万円
以下</td><td colspan="3">なし</td></tr>
<tr><th>会計原則</th><td>発生主義</td><td>現金主義</td><td colspan="3">発生主義</td></tr>
<tr><th>帳簿</th><td>簡易な
記載による
帳簿</td><td>現金式
簡易簿記</td><td>簡易簿記</td><td colspan="2">複式簿記</td></tr>
<tr><th>作成書類</th><td>収支
内訳書</td><td>収支
計算書</td><td>損益
計算書</td><td colspan="2">損益計算書、
貸借対照表</td></tr>
<tr><th>税制上の
優遇</th><td>なし</td><td colspan="4">あり</td></tr>
<tr><th>提出方法</th><td colspan="3">直接提出・郵送・電子申告</td><td>直接提出・
郵送</td><td>電子申告</td></tr>
</table>

です。

青色申告のメリット

青色申告は白色申告に比べ、非常に手間がかかります。

しかし、メリットとして次のような措置《そち》があります。

①最大65万円の控除を受けられる
②赤字を繰り越して計算できる（純損益の繰越控除）
③家族へ給料を支払った場合、経費にできる（青色事業専従者控除）
④貸倒引当金《かしだおれひきあてきん》を経費にできる
（※貸倒引当金：債権の貸倒損失に備えて積み立てておくお金）


「よーし、私は優遇の多い青色申告にするわ！」

と張り切っているあなた、ちょっと待ってください！

白色申告は届け出なしで始めることができますが、青色申告は勝手にスタートすることができません。

青色申告を始めたい年の３月15日（確定申告締切日）までに、所轄《しょかつ》の税務署に「所得税の青色申告承認申請書」の提出が必要です（確定申告の締切日を過ぎた場合は来年分からになります）。

ちなみに、やめるときも「所得税の青色申告の取りやめ届出書」の提出が必要です。

また、青色申告をするには帳簿をつける必要があります。いまは便利なアプリもありますが、これまでまったく経理の勉強をしたことも経験もない方にとっては、やはりかなりハードルが高いものです。宣伝するわけではないのですが、手間をはぶき間違いを防ぐために、税務のプロである税理士に相談することをおすすめします。

所得税の納税

確定申告で自分の所得税を確定した後は、納税しなければなりません。

所得税の納付期限は確定申告書の提出締切日と同じ、原則として３月15日です（令和元年度と令和２年度のように特例でズレることもあります。また、締切日が土日祝日にあたる場合は、これらの日の翌日となります）。

「えっ？　確定申告して税金の額が決まったら振込用紙が送られてくるんじゃないの？」

いいえ、違います。

住民税や自動車税、固定資産税などは郵送される納付書で支払うので、所得税もそうだろうと思っている方も少なくありません。しかし**所得税は、納付書が送られてくるのではなく、自分で納付手続きをしなければなりません。**

所得税の納付方法は次のとおりです（２０２１年６月現在）。

①現金納付

税務署または金融機関にある納付書を使います。

②ｅ-Ｔａｘ納付

ｅ-Ｔａｘ（国税電子申告・納税システム）を利用して、自宅等からインターネットで納付できます。開始にあたってはマイナンバーカードなどを使った事前準備が必要です。

③クレジットカードで納付

インターネットを利用して専用ウェブ画面から納付できます。

④ＱＲコードでコンビニ納付

国税庁サイトからＱＲコードを作成し、指定のコンビニで納付書を出力して納付できます。納税額は30万円以下となります。

⑤振替納税

確定申告書提出期限までに税務署に依頼書を提出し、税務署が銀行口座から引き落とす方法です。実際に引き落とされるのは申告期限の約1カ月後になります。

おすすめは⑤振替納税です。申告と支払いの間にタイムラグができますから、その間に納税資金の準備ができるでしょう。

また、「もし所得税が払えないときはどうしたらいいのか」については、第4章で解説します。

確定申告の金額が間違っていたら

白色でも青色でも自分で計算して確定申告をする場合、「数字を間違ったまま確定申告書を提出してしまった！」というケースもあるでしょう。

ミスをしたときは、バレてから怒られるより「すみません、やらかしてしまいました」と素直に自分から言ったほうが傷が浅くてすみますね。税金も同じです。

申告後に間違いに気づいたら、自分から税務署に申し出るのがベストです。所轄の税務署に電話して「確定申告の内容に間違いがあったので修正したい」といえば、丁寧にやり方を教えてくれます。

せっかく気づいたのですから、間違えたままで放置しないようにしましょう。放置すると……最悪の場合、税務調査が入った際に、脱税を疑われてしまいます。

税務調査でアップするのは所得税だけじゃない

税務調査が影響する税金——所得税、消費税、住民税、事業税、健康保険料

本書では所得税の税務調査を扱っていますが、**税務調査によって所得が増減する税金**（所得が増えれば多く払う、所得が減れば減る）には次のものがあります。

所得税／消費税／住民税／事業税／健康保険料（健康保険税）

【所得税】

所得税は個人の所得（収入から経費などを引いた額）に課せられる税金です。夫婦や家族でも合算することなく、その人本人の所得が対象です。

所得の額が多いほど、税率が高く（つまり金額も高く）なります。

所得税は、1年間の所得からいろいろな所得控除を差し引いて算出した「課税所得」に税率をかけて計算します。

A　売り上げ（収入）－必要経費＝所得（利益）

B　所得（利益）－控除＝課税所得

C　課税所得×税率＝所得税額

「所得」は売り上げから必要経費を差し引いたもの（A）、「課税所得」は所得から控除を差し引いたもの（B）、そして、課税所得に税率をかけて税額を出す（C）のですが（82ページ上の図参照）、税率は金額によって変わってきます。

一定の額を超えたら課税所得全部に対して10％なり20％なりの税率がかかる、ということではありません。超えない分は超えない分の税率です。たとえば、1億円の儲けがあっても

■所得税の計算

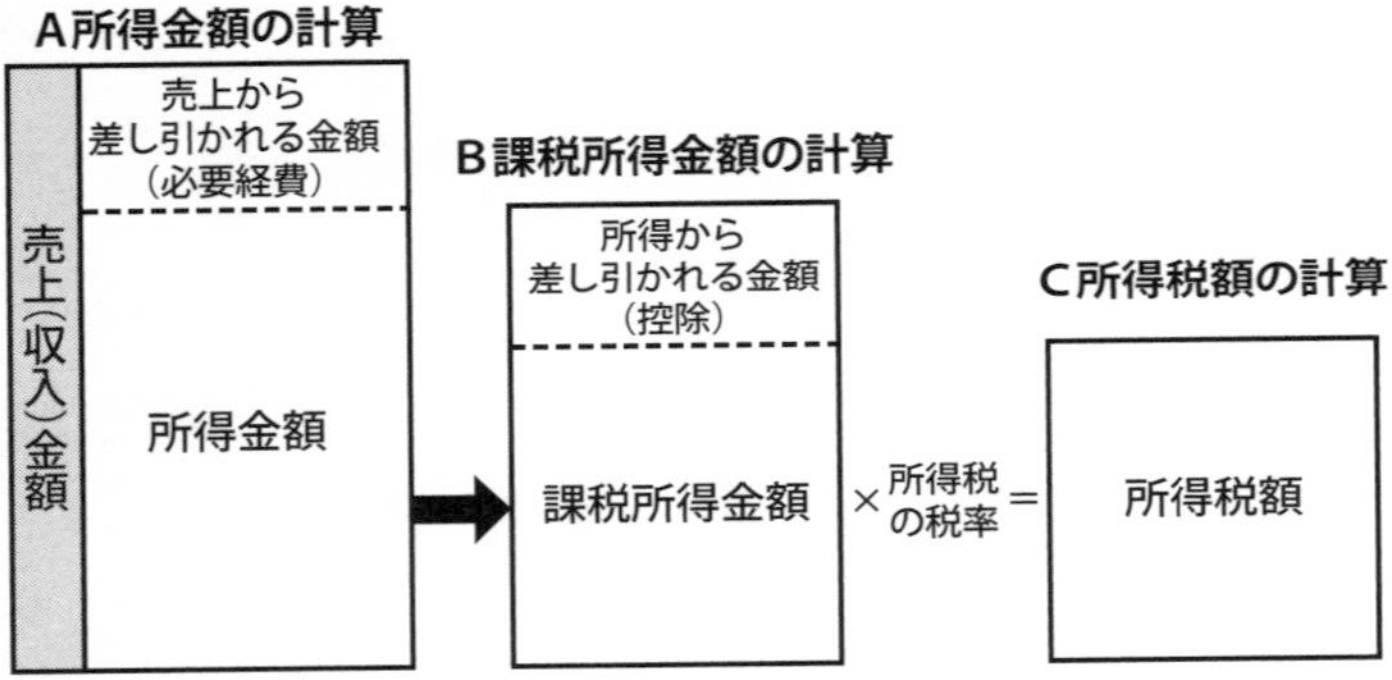

■所得税の速算表

課税所得金額	税率	控除額
195万円以下	5%	0円
195万円を超 330万円以下	10%	97,500円
330万円を超 695万円以下	20%	427,500円
695万円を超 900万円以下	23%	636,000円
900万円を超 1,800万円以下	33%	1,536,000円
1,800万円超	40%	2,796,000円

＊例）課税所得が500万円の人の所得税：500万円×20%－427,500円=572,500円

１９５万円以下の部分の税率は５％です。

しかし、これをいちいち計算するのは面倒なので、82ページ下の所得税の速算表を利用します。一律に税率をかけて控除額を差し引けば税額が算出できます。

【消費税】

買い物をするたびに、私たちが支払っている消費税。買ったお店は私たちの支払った消費税を国に納税しています（このように、負担する人と納める人が違う税金を「間接税」といいます）。

本書の読者のみなさんにとって、消費税はただお店に払うだけの税金ではありません。消費税の対象になる取引をしていれば、事業者はだれでも消費税を納税する義務があります。黒字でも赤字でも等しく課せられます。

ただ、あまり小さい規模の事業者に事務的な負担をかけるのはどうか、ということで**一定期間の売り上げが１０００万円以下の事業者は「免税業者」として消費税の支払いを免除**されています。

消費税が課税される「課税業者」になるか「免税業者」になるかは、前々年の1月1日から12月31日までの期間の、消費税のかかる取引の売り上げが１０００万円を超えるかどうかで判断します。超えたら課税業者になるということです。

2年前の売り上げで判断するので、開業初年の消費税は当然ゼロとなりますが、2年目の1月1日から6月30日までの売り上げが１０００万円を超えると課税業者になります。

消費税には、**もらった消費税から払った消費税の控除ができる「仕入税額控除」**がありますが、控除を受けるには条件があります。これについてはのちほど説明します。

【住民税】

住民税には区市町村民税と都道府県民税があり、それぞれ全員一律（区市町村民税１５００円＋都道府県民税３５００円）に納める「均等割」と、所得に応じて払う「所得割」があります。

所得割には複雑な計算式がありますが、区市町村民税6％＋都道府県民税4％、あわせて所得の10％くらいと考えておけばいいでしょう。

【事業税】

事業税は所得が290万円を超える部分に対して3~5%(業種によって)かかります。

これまで経費などで調整をして290万円を超えないようにしてきた方の場合、払ったこともないという人が多いでしょう。

たとえば、所得を250万円くらいで申告していた人に税務調査が入って700万円の所得があると認定された場合、290万円を超えた分の410万円に関して5%の事業税がかかります。

【健康保険料(健康保険税)】

当然、健康保険にも加入しなければなりません。本書で対象にしている読者の多くが国民健康保険でしょう。

健康保険料も複雑な計算がありますが、概算で所得の10%と考えておけばいいでしょう。

税金はいったいいくらになってしまうのか

たとえば、所得金額を500万円として申告していた人が、税務調査によって100万円ほど所得が増えてしまった、という場合、税金はいくら増えるのでしょうか。

①所得税……税率は20％なので20万円アップ
②住民税……税率はおおむね所得の10％なので10万円アップ
③事業税……税率を５％として計算すると５万円アップ
④健康保険料……税率はおおむね所得の10％なので10万円アップ
⑤消費税……（売り上げが１０００万円超なら）税率はおおむね10％アップ

所得税20万円＋住民税10万円＋健康保険料10万円＋事業税５万円を足すと、45万円も税金等が増える計算になります（消費税をのぞく）。

これだけでも結構な金額ですが、さらに税務調査の対象年が1年ですまない場合はもっと悲惨《ひさん》です。

３年分なら3倍の１３５万円、５年分なら5倍の２２５万円、**最長の7年分となった場合は３１５万円**……それを払え、と迫られるのです。

そのうえ、加算税や延滞税も課せられます。

延滞税などのペナルティで税率50％に!!

税務調査の結果、確定申告の内容に問題が見つかった場合でも、所得税の計算方法や税率は変わりません。が、ペナルティとして次のような追加の税金が課せられます（追徴課税）。くわしくは第4章で解説しますが、次の金額を合算して計算します。

・法定納付期限までに完納していない場合……**延滞税最大年率14％**
・申告されているが、税額が少なく申告されている場合……**過少申告加算税10〜15％**
・申告されていない場合……**無申告加算税15〜20％**
・仮装《かそう》や隠蔽《いんぺい》など、申告内容の問題点が悪質と認められる場合……**重加算税35〜45％（無申告の場合40〜50％）**

たとえば無申告で悪質と見なされた場合、これまでに払っていなかった税金と、それにかかる重加算税40％と延滞税が年利3％弱となり、単純合計で本税の43％弱のペナルティが加算されます。

しかも、延滞税は年利の計算です。古いものになればなるほど金額が増えます。したがって、調査対象が7年間におよぶ場合は、通常、7年前の申告分は7年分近くの延滞税がかかります（6年前は6年分というように）。そうすると、7＋6＋5＋……で、28年分の年利がかかる計算になりますね。28年×3％弱＝84％、84％÷7年＝12％の平均延滞税率となります。これに先の40％を加えますと、50％を超えるペナルティが加わってしまうことになります。

細かい計算は頭に入らなくてもいいですが、とにかく**「悪質な行為をくり返している」と認定されると、最大50％もの税率になってしまう**ことはぜひ覚えておいてください。

もし払えないでいると？

ここまで、もしも税金を（わざとでも、わざとでなくとも）ごまかしていることが税務調査でバレてしまうと、かなりのペナルティが科せられることをお伝えしました。

私が担当した方の多くが、「税務調査なんて来ないだろう」と思い込んでいた人たちです。それなりに高い手取りを得ていても、入ったお金は生活費や遊興費にあてて使い切ってしまうという人ばかりで、納税のために蓄えておく、という考えがないだけでなく、貯金もほとんどない方が多くいました。

当然、多額の税金をすぐには払えません。

払えないでいると……最終的には財産を差し押さえられてしまうこともあります。

「差し押さえといったって、うちには何も財産がないよ」

いいえ、差し押さえられる財産がないからといって、安心はできません。

本人から取れない場合、あなたの勤務先や得意先に対して、「債権の差し押さえ」という形で取り立てにいきます。つまり未払いの給料や、支払ってもらう予定のお金（工賃や作業代など）を差し押さえられてしまうのです。

「じゃあ、借金してでも税金を払わなきゃ！」

そう思う方も多いのですが「税金を払うために」という理由で融資を受けるのは非常に困難です。

また、どうしても支払いが厳しく**自己破産しても、税金の支払いは免除されません。**どこまでもついて回ります。

もしかしたら「消費税」が大変なことに

消費税の確定申告と税務調査

消費税も所得税と同じように確定申告をします。1月1日から12月31日までの間の税を計算し、3月15日（所得税の確定申告の締切日と同日）に、税務署に確定申告書を提出します。所得税と同じく、消費税も払いすぎてしまった税金は還付されます。

個人の税務調査の場合、消費税の税務調査が単独でされることはあまりありません。所得税と同時におこなわれます。

一定期間の売り上げが1000万円を超えると消費税が課税される、と先に書きました。**所得税を調査している段階で売り上げが1000万円を超えた場合は、その場で「消費税も調査対象とさせていただきます」と宣言をして消費税も調査する**という流れになります。

消費税のしくみ――多段階課税

確定申告をしたことがない方、あるいは当分の間は売り上げが1000万円にはとうてい届かない見込みの方は、この項の話をはしょって96ページへ進んでいただいて結構です。

消費税の計算は「多段階課税」という形で計算します。

生産者→工場→問屋→販売店→消費者とそれぞれの段階で財・サービスを販売するごとに消費税を払います。

たとえば、生産者Aが商品を工場Bへ2万円で販売すると、AはBから商品代2万円＋消費税2000円を受け取り、2000円を納税します。

次にBは問屋Cへ商品を5万円で販売し、Cから商品代5万円＋消費税5000円を受け

■消費税の多段階課税

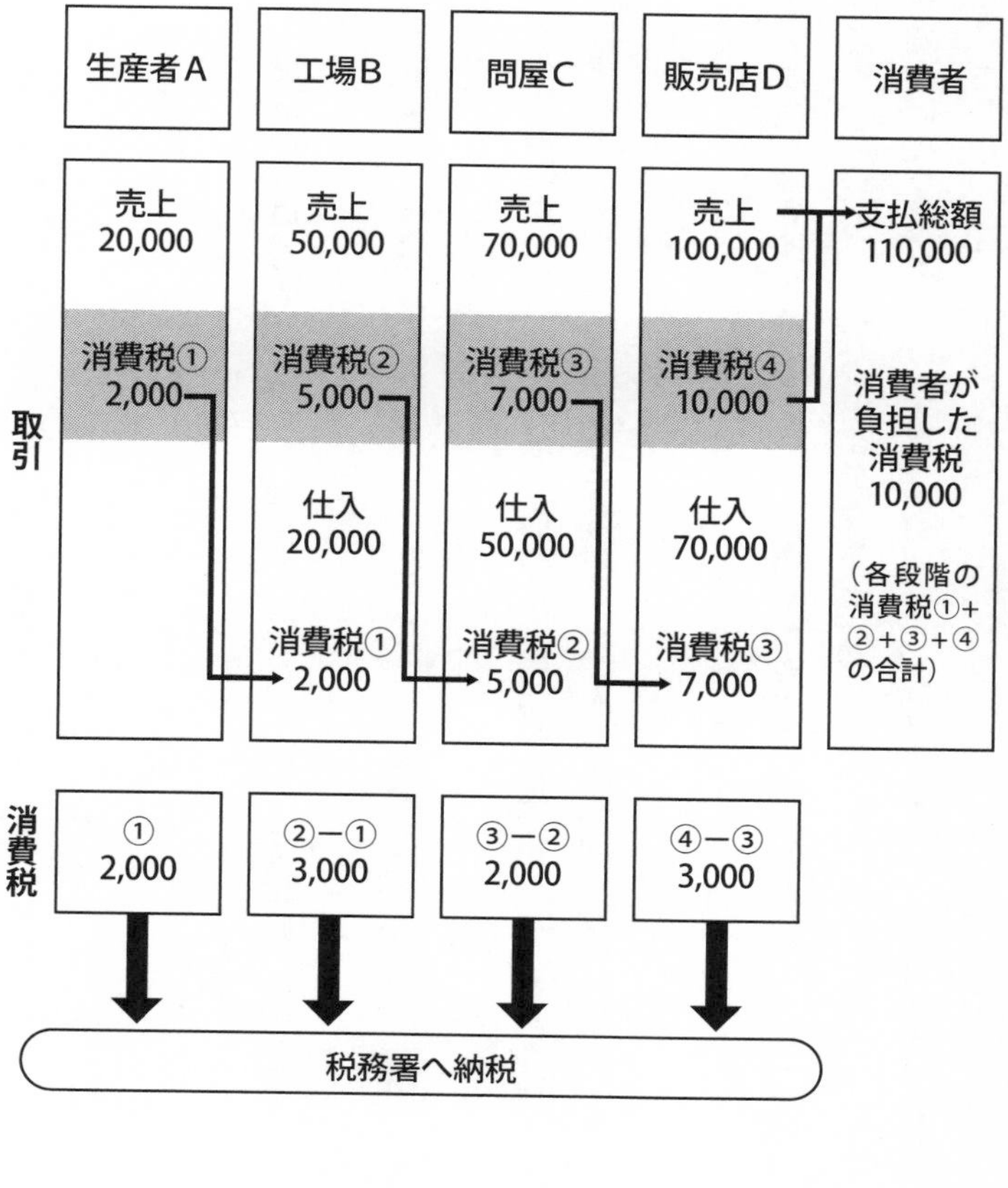
生産者A
工場B
問屋C
販売店D
消費者
取引
売上
20,000
消費税①
2,000
売上
50,000
消費税②
5,000
仕入
20,000
消費税①
2,000
売上
70,000
消費税③
7,000
仕入
50,000
消費税②
5,000
売上
100,000
消費税④
10,000
仕入
70,000
消費税③
7,000
支払総額
110,000
消費者が
負担した
消費税
10,000
（各段階の
消費税①+
②+③+④
の合計）
消費税
①
2,000
②−①
3,000
③−②
2,000
④−③
3,000
税務署へ納税

取り、すでに支払った2000円を除いた消費税3000円を納税します。

……という具合に取引がつづき、最終的に消費者が商品代10万円＋消費税1万円を支払って、商品を購入します。

このとき、それぞれの事業者は、受け取った消費税をそのまま納税するのではなく、**受け取った消費税から自分が支払った消費税を控除した金額を納税していきます。**その累計が、最終的に消費者が支払ったのと同じ金額になるというしくみです。つまり、実際に消費税を負担しているのは最終的に財・サービスを消費する消費者ですが、国に納税しているのはそれぞれの事業者、ということです。

これを税務の観点から見ると、**受け取った消費税から支払った消費税を控除できることを「仕入税額控除」**といい、**控除できる金額を「仕入控除税額」**といいます。ちょっとややこしいですね。

さて、仕入控除税額を計算する方式には「本則課税」と「簡易課税」の2つがあります。

本則課税は仕入れや外注費など実際にかかった取引金額にもとづき、仕入控除税額を計算する方法です。実際に支払った消費税を仕入控除税額にするイメージです。

簡易課税は売り上げで受け取った消費税に「みなし仕入率」をかけて仕入控除税額を計算します。こちらのほうが計算は簡単です。「みなし仕入率」は事業の業種によって40～90％

■消費税のみなし仕入率

事業区分	みなし仕入率	該当する主な業種
①第一種事業	90%	卸売り業
②第二種事業	80%	小売り業
③第三種事業	70%	製造業など
④第四種事業	60%	①〜③、⑤〜⑥のいずれにも該当しない事業など
⑤第五種事業	50%	金融業、保険業、サービス業など
⑥第六種事業	40%	不動産業

の幅で定められています。

上記の表の事業区分はざっくりしていますが、たとえば、建築業なら形態によって③第三種事業か④第四種事業、プログラマーなら⑤第五種事業となります。

消費税計算の基本は本則課税です。簡易課税は特例として次の2つの要件を満たしている事業者だけが選択できます。

①基準期間（2年前）の消費税がかかる売り上げが5000万円以下

②「消費税簡易課税制度選択届」を提出している

内職など手間賃仕事をしている方は、消費税のかかる仕入れや外注費が少ないため、簡易課税のほうが税金は安くなることが多いのですが、大きな買い物をしたり、設備に投資したりする場合には、本則課税のほうが、税金が安くなる可能性があります。

簡易課税を選択すると2年間は本則課税に戻れないので、大きな買い物をする際はタイミングを考えたほうがいいかもしれません……というのが、きちんと帳簿をつけている方に対する一般的な注意です。

しかし私は簡易課税をおすすめしています。なぜなら、**簡易課税は次項で述べる「スーパー消費税」が回避できる**可能性があるからです。

痛恨の一撃「スーパー消費税」とは

受け取った消費税から支払った消費税が控除できるのが「仕入税額控除」ですが、**本則課税では「帳簿をつけており、かつ請求書等がある」事業者でないと、この仕入税額控除が受けられない**のです。

そうすると、支払うべき消費税の額は、売り上げの10％もしくは8％になってしまいます。

私の周辺ではこれを「スーパー消費税」と呼んでいます。

「スーパー消費税」＝売り上げの10％もしくは8％（仕入税額控除なし）

「なんだ、消費税も所得税も計算は同じで、売り上げから経費を差し引いた儲けに税金がかかるんじゃないか」と思った方、もう一度、考えてください。

スーパー消費税は「売り上げ」に対する課税です。そして仕入税額控除がないということは、所得税のように経費を引くことができない、ということです。

つまり、仕入れ時の消費税と売り上げ時の消費税の両方が国に納付されるという二重払いになるため、納税する側にとっては大打撃なのです。

また、物販などの業種では、売り上げが３０００万円で、仕入れを含めた経費が２９００万円、所得が１００万円といった場合もあるでしょう。

消費税は売り上げの10％ですから３００万円です。**所得の３倍もの消費税をどうやって支払ったらいいのか……。ましてそれが、３年、５年となったら……。**

仕入税額控除なしのスーパー消費税、じつにおそろしいものです。

ちなみに、所得税は領収書をなくしても、領収書の原本か帳簿のどちらかがあり、取引が実際にあったと確認できれば、それで経費を認めてもらうことが可能です。どちらもない場合ですら、同業者の経費を見て「だいたいこのくらいですね」と概算で経費を認めてもらえる場合もあります。

消費税については「帳簿かつ請求書等」といった指定があるのですが……、**帳簿も請求書もない場合でも、一部認めてくれる可能性もありますので、あきらめないで取引事実を主張していくことが大切**です。

今からでも取引を記録にしてまとめよう

確定申告は必要か

「あのー、最近ちょっと儲かっているので、確定申告したほうがいいような気がするんですが、何をどうしたらいいですか？」

「では確定申告が必要かどうかを判断しましょう。儲かっていない人には申告義務はありませんから、本当に儲かっているかどうかの裏付けとなる資料を見せてください」

「えーと、裏付けって、何を見せればいいですか？」

「通帳とか、あと現金で払っているものがあれば領収書とかを見せてください」

「了解です〜！」

これは、あるお客さんと私の会話の再現です。

一般的な税理士だったら、呆《あき》れてしまうような方かもしれません。でも、せっかく私を頼ってきたお客さんを、むげにはできません。

「確定申告をしたほうがいい気がするけれど、よくわからない」という方でも、ぜひ相談に来ていただきたいと思っています。

実際に「よくわからない」という方に対しては、まず確定申告の必要性を判断するところからスタートです。

本来は、客観的な資料を見ながら判断しなければ有効なアドバイスはできません。

しかし「帳簿も領収書もない、通帳も捨ててしまったし、取引の記録も経費の記録も全然ないよ」という、猛者《もさ》（?）も、ごくたまにですが実在しています。

所得税は、81ページで説明したとおり、売り上げから経費を引いた所得に、税率をかけて計算します。

売り上げは振り込まれている通帳を見ればわかります（もし通帳も捨ててしまったなどの場合は、銀行で再発行してもらえます）。**経費は領収書等を見せてもらったり、ない場合は**34ページ～で述べた所得の低い内職の主婦のケースのように、**直近の経費の状態から推測します。**

計算してみると、儲かっていたと思っていたのに、経費が高くて所得が少なかったり、控除（税額から差し引ける金額）があったために払うべき税金はゼロ、確定申告の義務がないというケースもあります。

このように「奥の手」はあり、なんとかできないこともないのですが、本来、**仕事で交わした書類や経費のレシートなどは、きちんと保存しておくべき**です。

不要な荷物は持たない、増やさない「ミニマリスト」が流行っているようですが、こと税金に関してはミニマリストはやめてほしいと思います。

税務調査に入られた際に**「ごまかすために故意に捨てた」と判断されてしまうおそれ**もあります。

もし、領収書や請求書を捨ててしまっている場合、税務調査が来る前であれば、取引先に対して再発行を頼んでおくといいでしょう。

税務調査が来てからでもできますが、あわただしくて時間切れになりやすいので、調査の連絡がまだ来ていない段階で備えておくことをおすすめします。

可能であれば、**過去5年間にわたって用意するのがベター**です。

100パーセント用意できなくても7～8割とか、ある程度を埋めることができれば、税務調査が入っても痛いところを突かれる部分が減ると思います。

スケジュール表や出面帳は保存する

「仕事関係の書類を全部取っておいたら膨大《ぼうだい》な量になって整理がつかない」

そんな場合でも、**ぜひとも取っておいてほしいのが、取引（物品の売買やサービスの受発注）に関わる領収書や契約書**です。

専門用語では「原始記録」とか「原始証憑《しょうひょう》」といいますが、この**「原始証憑」さえあれば、帳簿は後でもつけられます。**逆にないと、どうしようもない。本人の記憶頼みになってしまいます。

「領収書で財布がパンパンになるのは、カッコわるいから捨ててしまった……」という方もいますが、取っておけば後でなんとかなりますので。

通帳や領収書や請求書など、直接金額を証明できる資料がない場合は、出面帳《でづら》（自分が作業した現場や外注費の人数の割り当てなどが記載されている）やスケジュール表など、外注を使ったことや交通費等が実際に発生していることを間接的に証明できる資料も有効です。

税務調査が入った際には、手元にある記録が、客観的に取引の証拠になるかどうかが争点になります。

原始証憑をなくしてしまった、再発行してもらえないなどの場合は、**メモや録音が威力を発揮**します。

業界によっては受発注が口約束で進んでしまったり、飲んだついでに話が決まるというケースもあるでしょう。そういった場合、前後の会話も含めて記録をしておくほうがいいです。

「この前後の会話からすると、この言葉は信憑性《しんぴょう》がありますね」と判定されやすくなります。

その人の言葉だけでなく、どういう経緯でこの人と会ったのか、どういう会話から始まったのか、など前後をこと細かく書いておけばさらにベターです。

スマホに記録しておくだけでも違います。

最低限これだけはわかるようにしておこう

自分で商売をしている人や副業で稼ぎのある人は、お金が動いたとき、最低限、次の4つはどこかに記録しておきましょう。

①日付……いつの取引か
②相手……だれからもらった／だれに支払った
③金額……いくら
④用途……何の代金か

この4つが記録してあれば、原始証憑をなくした場合にも取引の証拠として有効になる可能性があります。

確定申告書の数字はフリーダム

これまでの話と矛盾《むじゅん》するようですが、確定申告の数字は本人の判断で自由に書くことができます。領収書があろうがなかろうが、自分が「これが正しい」と思う数字を書いて申告する、どんぶり勘定や感覚値でも、申告には差し支えありません。

多くの真面目な方は「確定申告の数字は根拠がないとダメ」と思っているでしょう。

そのため、しっかり売り上げを集計して、領収書をまとめて……などとコツコツ計算、四苦八苦しながら確定申告書を作成しています。

しかし実際のところ、どういう数字で申告するかどうかは、本人の自由です。自主申告というのはそういうことです。


「よーし、じゃあ希望の数字で書いてしまおう！」

ちょっと待って。落ち着いて次を読んでからにしてください。

根拠なく好き勝手な数字を書くのはいいのですが、もしも税務署から「それ、間違っているのでは？」とツッコミが入ったらどうしますか？

そうです。それが「税務調査」です。

税務署が調べて、「客観的に見て、これ間違っています」という証拠が見つかった場合は、修正しなければなりません。悪質と思われた際にはかなり高い税率がかけられます。

万が一、税務調査の網に引っかからなくても、それはたまたま見つからなかっただけかもしれませんし、すでに目をつけられて「泳がされている」だけかもしれません。

やはり、適当な数字で適当に書くのは、得策ではないということです。

ちなみに**所得を実際よりわざと少なく書いて申告することを「過少申告」といい「過少申告加算税」の対象に**なります。

20年間無申告でもなんとかなった！

ある日、私のところにこんなお客さんが来ました。

「20年間、一度も確定申告をしてないのですよ。今回税務調査が来ることになったんですけど、何もわからないので相談に乗ってもらえますか？」

確定申告の義務があるのに、申告しないことを「無申告」といいます。

それまでの20年間、無申告でよく税務調査に当たらなかったと思いますが、たまにこういう運のいい（？）方がいます。

税務調査なんか入らないと思っていたのでしょう。領収書などの原始証憑はさっぱり処分してありましたし、通帳も古いものは捨ててしまっていました。

かろうじて残っている収入と経費の記録を見て計算しながら、私が「20年間の追徴課税や延滞税を考えると膨大な金額になるはずです」と言うと、お客さんは真っ青になりました。

でも、安心してください。実際はそんなことにはなりません。

税務署側から一方的に課税できる期間は原則として5年間という時効のような制度があるからです。

20年間無申告のお客さんは、5年間だけさかのぼって、申告・納税すればよかったのです。

（偽りその他不正の行為や贈与税など、例外ケースも多数あるので注意が必要です）。

第3章

税務調査はこう迎え撃つ

突然やってくる事前通知

税務署からのファーストコンタクトは電話

「もしもし○○さんですか？　こちら××税務署ですが……」

そんな電話がいきなりきたらどうしますか？

「え、そもそも確定申告してないし」

「ヤバい、ごまかしているのがバレてしまう」

と、パニックに陥ってしまう方も少なくありません。

税務署からの最初の連絡はほとんどが電話です。時間帯は税務署が開いている平日の8時半から17時の間、いつでもあなたに電話がかかってくる可能性があるのです。

「いやいや、私は電話番号を公開していないから、突然電話がかかってくるなんてあり得ないよ」と思っている方もいるでしょう。

しかし、確定申告をしている人なら（申告書に電話番号を書く欄がありますから）税務署は当然、電話番号を知っています。

「うちは無申告だから、電話番号はバレないはず！」という人もいるかもしれませんが……、無申告の人が税務調査の対象になる場合、多くは取引先に調査が入って、芋づる式に調査されるというケースです。

取引先に出した請求書や領収書に電話番号がない、なんてことはないでしょう。なかには「知らない番号からの電話には出ない」という人もいますね。防犯意識としては正しいのかもしれませんが、**税務署からの電話を無視しつづけるのはよくありません**（117ページにその理由を書きました）。

「税務調査にうかがいたいのですが」という事前通知の電話は、調査を希望する日の約1～2週間前に連絡がくることが多いようです。

事前通知の内容

「では、7月20日にお時間を取っていただけませんか？」

「では、××税務署より調査官が2人行きます。時間は朝10時からでよろしいでしょうか？終日かかりますので16時ぐらいまでは時間を取ってください」

「わかりました」

「よろしくお願いします」

事前通知はアポイントメントを取る、という意味もあるのですが、それだけではありません。

私たちの身体は国家権力に制限されてはいけない、という大前提があります。税務調査中は対象者を拘束《こうそく》……とまではいきませんが、質問に答えてもらったり資料を出させたりと、その場にとどめておく必要がありますから、やはり予告をするべき、という観点で原則としておこなうことになっています。

よほど悪質だと思われていたり、現場や証拠を押さえる必要がある際は、例外的に抜き打ちで調査が入ることもあります。

ちなみに反面調査がおこなわれる際にも、同様に事前通知がおこなわれます。例外的に抜き打ちで調査が入る可能性があるというのも同じです。

税務署側が事前通知でしなければならない内容は決められています。

【事前通知の内容】

①調査を開始する日時

■税務署からの事前通知の内容

①調査を開始する日時
②調査をおこなう場所
③調査の目的
④調査の対象となる税目
⑤調査の対象となる期間
⑥調査の対象となる帳簿書類その他の物件
⑦その他調査の適正かつ円滑な実施に必要なものとして政令で定める事項

税務署が事前通知で伝える内容は決まっている
（国税通則法74の9、通則法令30の4による）

税務調査当日は、事前通知で言われなかったことには回答・対応しなくてよい

②調査をおこなう場所
③調査の目的
④調査の対象となる税目
⑤調査の対象となる期間
⑥調査の対象となる帳簿書類その他の物件
⑦その他調査の適正かつ円滑な実施に必要なものとして政令で定める事項

ここでのポイントは**相手の言葉をよく聞いて、メモしておくこと**です。

電話をかけてきた相手の所属と氏名、税務調査に来る担当者の所属と氏名などに加えて、できれば聞いた内容をできるだけくわしく書いておきます。

もちろん、完璧《かんぺき》に残しておかなければならないわけではありませんが、**事前通知で言われな**

かったことについては、税務調査の当日、対応する必要がないため、記録しておいたほうが有利なのです。

「所得税の調査でうかがいたい」と事前通知で言われたら、税務調査当日に、消費税や印紙税について質問されても答える必要はありません。

「調査年度は3年です」と事前通知で言われていたら、4～5年前の取引記録をわざわざ見せなくともよく、原則として3年分だけ応じればいいのです。

「メモは面倒だから、そういうのが書いてある紙をもらえるとありがたいんだけど……」

そうですね。書面にまとめてくれたら助かるのに、と私も思いますが、なかなかそうはしてくれません。というのは、どのように事前通知するかはじつはルールがないため、税務署側は**証拠となってしまう書面は残したがらない**のです。電話連絡で、口頭で伝えるのはそうした事情があります。

たまに郵便で送られることもありますが、ＦＡＸやメールで送られることはありません。ほとんどが電話です。

任意調査は日程の変更もできる

「××税務署ですが、税務調査にうかがいたいので、7月20日にお時間を取っていただけませんか？」
「その日は都合が悪いのですが……」
「わかりました。いつなら空いていますか？」
「8月1日なら一日空いてますが」
「では1日に、うかがいます」

税務調査の日程は税務署が決めて、それに従わなければならない、なんて思っていませんか？

あなたの都合のよい別の日に設定できます。

なかには事前通知の電話がかかってくるとあわてて「え、早く決めなきゃ！」と早合点して、急いで日程を決めてしまう人がいますが、そんなに焦《あせ》らなくても大丈夫です。

しかし「えーと、ちょっと予定が立たないんですけど」などとむやみに先延ばしにするのはよくありません。「じゃあ、いつならいいんですか」と返されてしまいます。

現実的なところで、1週間から1ヵ月の間でしょうか。

法律論的には次の申告期限である3月までに調査が終わって税務署が税金を決定できればいいので、極論をいえばそこまで引っ張ることも可能です。それ以降になると1年分飛んでしまいますので、さすがにできません。

常識的には、**日程は1ヵ月以内くらいに設定しておくのが無難**でしょう。

それ以上になると税務署側も「早く終わらせたいので、日程だけでも決めてくれませんか」と言ってきます。

ただ、「体調が悪くて入院しています」「出張でずっと福岡に行ってるんですよ、泊まり込みで」など正当な理由があれば税務署も待ってくれます。

任意調査の日程は、すぐに都合のいい日を答えずにワンクッション置いて決めることをおすすめします。

ご自分で対応する場合は、その間に心と書類の準備ができます。税理士に相談する場合は、対処方法を相談したり、戦略を練《ね》ったりできるでしょう。

「今週中に日程の調整をして、決まったら連絡します」といったん電話を切り、あらためて決まった日時を知らせる、というダンドリがよいでしょう。

■税務調査に準備しておく書類

- 仕訳帳……すべての取引を日付順に記録した帳簿
- 総勘定元帳……取引を項目ごとにまとめた帳簿
- 預金通帳(銀行の取引明細)
- クレジットカードの使用履歴
- 領収書・請求書(仕訳帳と総勘定元帳の裏付けとなる原始証憑)
- 控除関係の資料(生命保険料控除証明書、医療費に関するレシートなど)
- 出面帳、スケジュール表など、外注費や交通費等の発生を間接的に証明できる資料

調査の資料を準備

税務調査が来る日が決まったら、次の書類をできるだけ準備します。

【税務調査に準備しておく書類】

・仕訳帳……すべての取引を日付順に記録した帳簿
・総勘定元帳……取引を項目ごとにまとめた帳簿
・預金通帳（銀行の取引明細）
・クレジットカードの使用履歴
・領収書・請求書（仕訳帳と総勘定元帳の裏付けとなる原始証憑《しょうひょう》）
・控除関係の資料（生命保険料控除証明書、医療費に関するレシートなど）……年金や健康保険料は税務署が役所に容易に照会可能
・通帳や領収書や請求書などがない場合は、出面帳やスケジュール表など、外注費や交通費等が実際

に発生していると間接的に証明できる資料

ちなみにこれらの書類は、確定申告書を作る際の根拠となるものでもあります。

「帳簿なんかつけていません」という人は、帳簿以外のものをできるだけ揃えるようにしてください。

預金通帳を破棄してしまったり、通帳がない口座だったり、合算しての記帳になってしまったりしている場合でも、**本人が銀行に申し出ることで、過去10年分くらいの取引内容の明細を取り寄せることができます**（手数料がかかる金融機関もあります）。

クレジットカード履歴も同様です。**カード会社に申し出れば、少なくとも5年分の使用履歴は取れる**はずです。

また領収書、請求書がない場合、できるだけ取引先に再発行を依頼します。

なかには「自分の首を絞めるような資料を自分で用意することに矛盾を感じる」と言う方もいますが、隠そうとせず、さっさと出すべきです。

銀行口座、クレカ、通帳に名前の載っているような取引先の情報……などといったものは、彼らが調べようと思えばすぐに調べがついてしまいます。**どう隠しても絶対にバレるのなら、**

さっさと終わらせるために隠さないほうがいい、というのが税理士としての私の考えです。

税務署を騙る詐欺に注意

「××税務署の△△と申します。またご連絡します」という留守電が残っていたから電話をかけたら、詐欺《さぎ》被害に遭《あ》った！　という人が実際にいます。

税務署を騙《かた》る還付金詐欺、税務調査を装った窃盗《せっとう》など、税務署を利用した詐欺に気をつけてください。

発信元の電話番号をチェックすることで、税務署からの着信（本物）と詐欺電話を見分けることができます。**あやしいのは個人の携帯番号からかけてきているにもかかわらず税務署を名乗る電話**です。

税務署の固定電話は、会社などと同じように、必ず「いつ、どこに、何分かけたか」が記録に残るようになっています。**税務署員は個人の携帯などからは通常かけてきません。**彼らとしては電話をかけるという仕事をした記録を残す必要があるため、税務署の代表番号からかけてきます。

もし税務署を名乗る留守番電話が残っていたら、その番号をインターネットで検索してみるといいでしょう。

税務署のものと一致しなければ、詐欺電話である可能性がかなり高いです。どうしても気になるようでしたら、所轄の税務署に電話をして「こういう電話があったんですが」と確認すればいいですね。

税務署を名乗る留守番電話が入っていても、安易にコールバックしない。これは「警察です」「市役所です」という電話があったときも同様です。

自分の管轄の税務署を調べるには

自分の管轄の税務署はどこか、ご存じですか?

「うちは川口だから川口税務署だな」と早とちりしていると、西川口税務署の管轄だったり、「新宿区だから新宿税務署だろう」と思っていると、管轄は四谷税務署だったり、といったケースがあります。

わかっているつもりでも一度ちゃんと調べたほうがいいかもしれません。

国税庁のサイトにアクセスすれば、地図や郵便番号から調べることができます。

https://www.nta.go.jp/about/organization/access/chizu.htm

税務署からの電話を無視しつづけると……

もし、税務署からの着信を無視していたらどうなるでしょうか。

無視を続けていると、税務調査はあきらめて次のターゲットへ……なんてことはありません。無視していると次は平日の午前中、事務所や自宅などに「ピンポーン！」と税務署員がやってきます。

突然「こんにちは！　税務調査に来ました！」と言われるとビックリしてしまいますよね。そんなときも、あわててその場で税務調査を受け入れないこと。先ほども説明したとおり、日程の再設定は可能です。

「×月×日にあらためて来てもらえませんか？」と都合のよい日を指定しましょう。

訪問時に税務調査の対象者が不在の場合、彼らは「税務調査でうかがいました。都合のよい日をお知らせください」と手紙を残していきます。

詐欺ではないことを確認し、書いてある電話番号にできるだけ早く連絡しましょう。

税務署から「行政指導」の連絡がくることも

「税務署からの連絡なんてこわい。悪い予感しかしない」

という人が多いと思いますが、税務署からの連絡は悪い連絡だけではありません。

「申告書の計算ミスがありました。こちらで直しておきますね」などという事務的な連絡や「申告書が間違っていました。還付できるかもしれませんね」というちょっとうれしい連絡だった、ということもあります。

また、**行政指導の可能性もかなりの確率であります。**

行政指導と税務調査の違いは、所得と税額を算定する目的を持っているかどうかです。

行政指導は「申告を忘れていませんか？　誤っていませんか？」などの指摘にとどまりますが、税務調査は、無予告調査（124ページ参照）を除き、必ず事前通知がなされます。

そして、調査の結果、問題の有無によって申告是認となるか、修正申告などになり、後者は追徴課税されます。

行政指導は、いわば税務署からの「お尋ね」です。それに対応する義務はありませんが、誤りが検出された場合はすみやかに修正申告したほうがよいです。

なぜかというと、**行政指導で誤りを指摘されて修正申告に応じた場合、税務調査とは違って、加算税が少なくなる**というメリットがあるからです。

行政指導なのか税務調査なのかは、税務署に聞けばわかります。税務署へ折り返し連絡して、どちらなのかを再確認しましょう。

税務調査にも「旬」がある

「税務調査が入りやすい時期があるのか？」という疑問を持たれた方もいるでしょう。

税務調査は1年中いつでも入る可能性がありますが、それはあくまでも可能性。

確定申告の時期や人事異動の時期などが毎年決まっているため、それにあわせて多い時期、少ない時期があります。まるで春夏秋冬といった四季のようなサイクルで動いているのが、いかにもお役所らしいところです。

学校や役所など年度始まりといえば4月ですが、税務署の事務年度は7月から翌年6月末までとなっています。

人事異動は6月末に内示、7月初旬におこなわれます。税務調査のチームも人員の変動がありますし、調査先の選定作業に時間がかかるので、税務調査が少ない時期……という人もいるのですが、**「6月の下旬に事前通知だけをしておいて、7月の人事異動で後任にそのまま引き継ぐ」という形で税務調査が入る**ことも少なくありません。

個人事業主や小規模法人など、比較的短時間ですんでしまうような調査は、この時期に多くあります。

私の元にも毎年7月10日以降、税務調査の相談が増えてきます。11月頃までは税務署も精力的に調査をしています。この波が収まるのが12月。1月以降は忙しくなるため**12月までになるべく片付けたい、というのが彼らの本音**です。「いつまでも調査してないで、早く終われ」と税務調査官も上司に言われてしまいます。

年が明けて1月になると確定申告の準備が始まり、特に2月から確定申告書の提出締切日までは、税務署がいちばん忙しい時期です。調査官も相談業務に駆り出され、税務調査どころではありません。

4～6月は税務調査があまりない、という人もいますが、3月に提出された確定申告書から、税務調査の対象となる人の候補が選定される時期でもあります。

民間の会社でも支社によってやり方が違うように、税務署も各局によって方針に多少の差があります。たとえば東京国税局に比べて、**名古屋国税局はなぜか着手が早く**、通常の年であれば、3月15日に確定申告が終わり、そのすぐ後、**4～6月に、調査しやすいところから始めている**そうです。

税務署とはどんなところか？

さて、ここで税務署についてちょっと見ておきましょう。

国の予算や会計などをおこなう財務省の元に、税金を扱う国の機関として国税庁が置かれています。その下には、札幌国税局、仙台国税局、関東信越国税局、東京国税局、名古屋国税局など12の国税局・国税事務所（沖縄）があります。

この国税局・国税事務所に全国５２４の税務署がつらなっています。

税務署にはさまざまな部門がありますが、一般の人が関わるのは次の部門が多いでしょうか。

「法人課税部門」……中小企業を担当
「個人課税部門」……個人事業主を担当
「資産課税部門」……相続・贈与を担当
「徴収部門」……債権の回収を担当
「管理運営部門」……申告書の受け付け・作成方法の相談を担当

税務署の規模によってその数は違いますが、部門は複数に分かれています。個人課税第一部門、個人課税第二部門、個人課税第三部門……といった具合です。

それぞれの部門に「統括国税調査官」「上席国税調査官」「国税調査官」「事務官」がいます。統括は管理職、上席がベテラン、そのほかが中堅、若手です。

第一部門は管理部門で、税務調査に来ることは通常ありません。多くは第二部門以下の調査官、事務官が税務調査を担当します。

『10年職歴』で相手を想像する

税務署員の採用には高卒枠と大卒枠があります。半数ほどが高卒でしょうか。

税務調査には、高校を卒業してまだ数年のフレッシュな若者が来ることもあれば、定年退職直前の人が来ることもあります。男女比は男性のほうが多い印象ですが、女性の調査官もいます。

一般の方にはまったく必要のないものだと思いますが、税務調査に立ち会う税理士のなかでだけ、毎年ベストセラーになっている本があります。『10年職歴』（税経刊）です。

これは国税局とその管轄地域の税務署に勤務している職員の10年分の職歴を表にしたもので、『10年職歴 東京国税局・管内税務署　令和2年度版』などと、年度版で国税局ごとに分冊で刊行されています。税務調査官のフルネームや役職はもちろん、学歴、過去10年分の職歴が一人ひとり記されています。

税務調査に立ち会う税理士は、電話帳のように分厚いこの『10年職歴』をめくりながら「今度の調査官はベテランか、手強いかもしれない」「高校を出てそれほど経っていないから経験不足に違いない、よし押していこう」などと想像して対策を練るのが定番です。

もちろん個人差があるので、学歴や年齢、性別で相手の能力を測ることは難しいのですが、相対する税務調査官のことを知っておくに越したことはありません。

税務署員は営業マンと似ている

税務調査を担当する職員は、一人だいたい20件というノルマを課せられているそうです。営業ノルマに近いイメージでしょうか。

これが多いか少ないかは判断が難しいところです。簡単に終わる案件と長くかかる案件の両方がありますが、**平均１案件５・５日を目安に仕上げる**という数字目標があるようです。計算すると１日８時間労働で、調査に１日使って、７～12月の６ヵ月でちょうどできるくらいですね。

ここで、実際に税務調査に訪れる人々がどんなタイプかをざっと説明しておきましょう。

実際に臨場する税務調査官には、いかにもお役所的な威圧感を漂わせるような人はあまりいません。多いのは、物腰がやわらかで丁寧な、いわゆる営業マンのような、感じのいい人たちです。

意外ですか？　でもこれには理由があります。

彼らの人当たりがいいのは「調査に協力してもらうため」です。

税務調査官も人間、ふつうの勤め人です。いろいろな人がいます。

いかにもお役所仕事風で決められた職務をきっちり几帳面《きちょうめん》にこなしたい人ばかりではなく、悪質な不正行為と見なされる「仮装《かそう》」「隠蔽《いんぺい》」行為（227ページ参照）や大きな脱税を見つけて活躍したい人、なかには仕事なんかさっさと終わらせて早く帰りたい人もいるでしょう。

いずれにしても調査を円滑に進めるには、対象者であるあなたの同意と協力が必要不可欠なことを、彼らは知っているのです。

まれにある「無予告」調査

税務調査は任意調査がほとんどですから、きちんと事前通知し、アポイントを取って訪問するのが基本パターンです。にもかかわらず、税務調査官が**予告なし、不意打ちで訪れる**ことがまれにあります。

この**無予告調査は証拠隠滅《いんめつ》や逃亡などのおそれがある、悪質と判断されている場合**におこなわれます。

ピンポーン。「来客かな、それともまたセールスかな」と思ってのぞき窓から外を見ると、スーツ姿の男が数人。なかには、暴力団員顔負けの強面《こわもて》の男性もいます。

「なんだか嫌な感じ。開けたくないな」と思いながらも、そっとドアを開けると……。

「税務署の者ですが、ちょっと聞きたいことがあります」

「あー、その、今から出かけないといけないので」

「あまりお時間は取らせませんよ。いいでしょう？」「いいですよね？」

「え、ちょ、ちょっと待って」

数名の男たちは「いいですよね」と言いながら、ズカズカと上がり込んできました。

無予告調査の場合、調査官は一人二人ではなく、数人でやってくることが多いようです。

令状を持っている強制捜査とは違い、任意調査は強制力がなく本人の協力が必要なため、なんやかやと調査に同意するよう話を運びます。

たとえ数名の調査官が圧迫するような態度で訪問してきても、任意の場合は「今日は都合が悪い」と調査拒否ができるということを覚えておいてください。

ただ、実際にその場面になったら、拒否するには、かなりのタフネスさ、精神力が必要でしょう。いかつい人が睨《にら》むような感じでやってきたら、だれだって思わず萎縮《いしゅく》してしまうでしょう。

そういえば、警察の取り調べでも、相手を威圧して白状(ゲロ)させる役の担当者がいました。うんうんと頷《うなず》いて自白をうながす人情派や、話したほうが得だからと説得する役など、適材適所で人材を使い分けていました。

元警察官として、私は税務調査と警察の取り調べには共通点があると思っています。

調査と捜査の違いはありますが、税務署も警察も、心理戦や相手の嘘やごまかしを暴く、という点で目的は同じ。

元警察官の私には、税務調査官の考えや取り調べのテクニックがよくわかるのです。

無予告調査を受けた後で、あわてて駆け込むように電話をくれるお客さんもいます。

「言いくるめられて出すものを出してしまった、いろいろしゃべってしまった、税金がこわい！」

残念ながら手遅れ、という部分もありますが、それでも連絡をいただければ少しでも有利にできる可能性はあります。

実際のところ、任意で無予告という調査はめったにありません。しかし、やましいことをしている自覚のある人は、そういうものがある、ということだけは覚えておいたほうがいいでしょう。

税務調査では何がおこなわれるのか？

税務調査は何をするのか？

税務調査は、申告や納税が適正におこなわれているかを税務署が確認する作業です。作業自体はざっくりいうとこういうことです。

・税務調査官＝資料を確認して疑問点を質問
・調査を受ける側＝必要な資料を用意し、調査員の質問に答える実際に現場に足を運んで調査をすることを「臨場《りんじょう》」といいます。
書類を確認するだけですむような調査は、調査対象者が税務署に出向いて終わらせることもあります。

ＳＮＳも見られている

とはいえ、税務調査官がノープランで訪問してくるわけはありません。「ここがあやしい」と目星をつけ、重点的に調査するポイントを絞《しぼ》る作業をすでに終わらせてきています。これを「準備調査」といいます。

準備調査で調べる内容は多岐にわたります。

「税務調査官ってまさかＳＮＳまではチェックしてないよね？」と思っている方もいますが、**税務署はどんな情報でも収集していると思っておいたほうがいい**でしょう。

過去の申告書、取引先の申告書、調査対象の営業用のホームページやＳＮＳの投稿……。

もちろん不特定多数の人のＳＮＳを確認するというような、非効率的なことはしていません。「この人のところに調査に行こうか」と検討段階でＳＮＳの投稿内容を確認する、ということはあるようです。裏アカウントまで見ている確率は低いですが、慎重に投稿するに越したことはありません。

注意すべき投稿、やめておいたほうがいい書き込みは、ズバリ自慢話です。

たとえば、

高級ブランドのバッグとともに「たくさん買っちゃった♪」
新車の写真と一緒に「納車です〜♪」
高級ホテルで「豪華な家族旅行中です〜」
札束の写真をドーンと出して「こんなに儲かりました！」

といった投稿は、**「私、所得がこんなにあるんですよ」と情報をオープンにしているのと同じ**です。

税務調査官から「ＳＮＳにこんな投稿をしていますが、この財源どうしたんですか？」「表に出していない収入があるんじゃないですか？」などと問われたら、答えられますか？

もちろん適正に申告して、しっかり納税している人だったら、好きなだけ自慢しても何の差し支えもありません。

調査はほぼ1日で終わる

調査当日の税務調査官は、朝いったん税務署に顔を出してから、午前10時頃に現場に臨場、お昼をはさんで16時頃まで現場で作業して、だいたい17時までに税務署に帰る。というタイムスケジュールで行動しているようです。

個人事業主の税務調査はだいたい1日で終わりますが、法人の場合は2日以上にわたることもあります。

調査内容によっては、現場での調査は午前中だけで終了することもあります。逆に1日で調査が終わらなければ、もう1日、もう1日と調査日が増えていきます。

よくいわれることですが、**税務調査官にお茶菓子や昼食は用意しなくてかまいません。**お茶くらいは飲むかもしれませんが、国家公務員法で利害関係者から接待や物品の贈与を受けることは禁止されています。

だから「なんとか接待しよう」と、昼食に高級寿司や特上ウナギなどを用意しても食べてくれません。彼らは必ず外食してきます。

さて、では税務調査の当日はどんな感じなのでしょうか。

自営業のAさんとBさんの税務調査を例にとって、時系列で具体的に見ていきましょう。

税務調査その1　身分の確認

いよいよ税務調査当日。午前10時きっかりに税務署員がやってきました。

「おはようございます、××税務署の△△です。本日はお忙しいところお時間を取っていただき、ありがとうございます。どうぞよろしくお願いいたします」

税務署員は刑事ドラマで見るような手帳を提示し、名刺を差し出します。

「よろしくお願いします」Aさん／Bさんも緊張ぎみにあいさつを返しました。


税務調査を担当する税務職員は臨場の際に必ず、身分証明書と質問検査章を携行し、提示して身分と氏名を明らかにします。

以前は名刺を渡すことはなかったのですが、過去に「だれが来たかわからなくなってしまうので、名刺ぐらい渡してくれ」とのクレームが税務署に寄せられたことから、名刺を出すようになったそうです。

さて、ここでAさんとBさんのルートが分かれます。Aさんは税理士石川が税務調査に立ち会う、立ち会いルートです。Bさんは税理士が立ち会わない自力ルートを選択しました。

自力ルートのBさんは、そのまま調査に入ります。

立ち会いルートを選択したAさんの場合は、税理士もここであいさつします。

「私は、税理士の石川です」

税理士は自分の名刺を差し出し、税理士証票という身分証明書を提示します。

このときすでに税理士の頭には『10年職歴』で調べた税務調査官の職歴や年齢がしっかりインプットされています。さあ、この人はどう攻めてくるのか、どう受けるべきか、税務調査官を抜け目なく観察しながら、考えをめぐらしています。

表面上はおだやかですが、戦いのゴングが打ち鳴らされました。

税務調査その2　仕事の概要や入金確認などの把握

「じゃあ調査を始めましょうか」と税務調査官が話しはじめます。

まずは帳簿を見て……と思いますよね？

ところが違うのです。**ほとんどの税務調査は「まず仕事の概要をお伺いしたいんですが」**

という言葉から始まります。

ビジネスの実態がわからないと、どういう所得が発生しているのかわからないので、どんな大企業でも個人でも、実態を把握することがスタートです。

今回の税務調査官はまるで熟練のインタビュアーのように「人生」「仕事のやり方」などを聞いてきました。

初めは面食らったAさん／Bさんでしたが、聞かれるままに、学生時代のことから最初の就職、独立に至るきっかけ、いまやっている仕事の概要などについて話しはじめました。

【税理士立ち会いのAさん】

「こういう会社でサラリーマンをやっているうちに、技術を習得して20年後に独立しました」

「なるほど。仕事を取ってくるコツとかあるんでしょうね？」

「前に勤めていた会社の紹介でもらってます」

「知り合い経由で仕事をもらっていたりします？」

「そうですね」

税務調査官が熱心に聞いてくれるので、いつのまにか、すっかり『プロフェッショナル仕事の流儀』『情熱大陸』の出演者になったような、いい気分になってしまいました。

「私の場合、成功の秘訣《ひけつ》は……」

Aさんが得意になって語ろうとしたそのとき、税理士の私がわざと咳払《せきばら》いをします。

Aさんはハッとわれに返りました。ヤバいヤバい、調査だってことを忘れるところだった。


税務調査官は**調査の糸口をつかむために、調査対象の人生を語らせる**という手法をよく使います（調査の対象が法人の場合は「設立の経緯」です）。

警察で犯罪捜査にあたっていた私から見ても、うまい取り調べのテクニックです。うまうまと乗せられて自分語りをして、墓穴《ぼけつ》を掘ってしまう人が後を絶たないのですから。

学校を卒業してからどんな会社に就職して、どんな仕事をして……などという話題は税務調査とは何の関係もなさそうですが、

「元請けのところに反面調査にいけば裏付けが取れそうだ」

「下請けの人数をごまかしている可能性があるな」

など、無意識にヒントを与えてしまう会話です。

税務調査官は注意深く話を聞いています。

どんなに楽しく会話が弾んでも「いまは調査中で、自分は調査されている」という事実を

忘れないでいただきたいと思います。すでに税務調査は始まっているのです。

【自力のBさん】

「私の場合、成功の秘訣は……」

Bさんは税務調査官にうながされるまま、得々と自分の営業の秘訣を語りつづけました。大切な情報を垂れ流していることにも気づかずに……。

そして仕事の概要の話が終わると、税務調査官は、相手が使っている証憑《しょうひょう》（受注記録や出勤簿、請求書など）の内容について尋ねてきます。たとえば建設関係の一人親方では、こんなやりとりです。

「**得意先からの仕事の依頼はどんな方法できますか**、たとえばFAXとか、メールとか？」

「前日までにFAXをもらいます。そのFAXに仕事の現場や作業内容が書かれており、指定日に現場へ行きます」

「外注さんを使っているそうですが、**人工《にんく》管理はどうやって？**」

「出面帳《でづら》（出勤簿）がありますので、そこに行った現場や、配置した職人の名前が書いてあります」

「得意先への**請求書は出してますか？**」

「得意先へ請求書を出してますが、金額を調整されることがあるため、最終的には支払通知書という形で書面をもらいます。そのため請求書の控えは保存していません」

「**入金の確認はどのように？**」

「末日締め、翌月15日払いという約束で、支払通知書を見ながら通帳を確認しています」

「**生活費や外注さんへの支払い**などは、どのようにやりくりしていますか？」

「得意先からの入金を確認したら、妻へ生活費として毎月40万、残りは外注さんへの支払いにします」

このやりとりから、税務調査官は以下のことを把握しました。

・得意先からのＦＡＸや出面帳が残っており、売り上げの除外がないか検証できる。

・出面帳を見れば、外注費の人工は把握できるため、架空《かくう》外注費の有無を検証できる。

・入金確認のため通帳を見ているなら、年間の売上総額ぐらいは容易に集計可能だったはずだ。

・妻への手渡し生活費が毎月40万円あることから、少なくともその12倍、年間４８０万円ほどは所得の認識があったと考えられる。

仕事の概要や受発注、入金確認の方法などを聞いただけですから、たいした話ではありません。しかし、そんな**ありきたりな話から、税務調査官は申告漏れや嘘、ごまかしのポイントや見当をつけている**のです。

税務調査その3　確定申告書のヒアリングで数字を把握

ざっと話し終わったAさん／Bさんに、税務調査官は言いました。

「では、確定申告書をどうやって作成したか教えてください」

税務調査は何のためにおこなうのか、ここで原理原則にいったん立ち戻ってみましょう。所得の額を確定させ、そこから税額を確定させるためです。

所得税は、「売り上げ」から「経費」を引いた所得に、税率をかけて計算します。つまり、所得額を確定させるためには「売り上げ」「経費」が必要です。しかし売り上げや経費があいまいな場合があるので、**把握しやすい生活費についても聞いてきます。**

税務署は「所得＝生活費とほぼ同額」とみなしているからです。この場合の生活費には食

■売り上げ、経費、生活費の関係

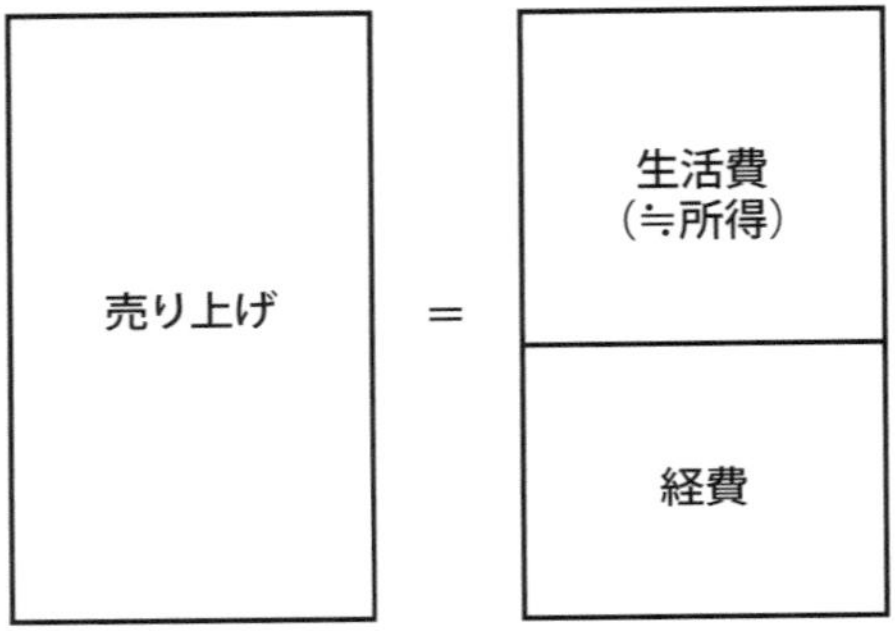

費、通信費から養育費、娯楽費、住宅ローンの支払い、貯金に回したお金など、個人支出のすべてが含まれます。

売り上げ、経費、生活費（所得）の間には次のような関係が成り立ちます。

売り上げ＝生活費（所得）＋経費
経費＝売り上げ－生活費（所得）

この3つはどれか2つがわかれば、残りの1つがわかる、という関係です。確定申告書の作成方法について尋ねながら、それぞれの数字を把握していきます。

①売り上げの把握

【税理士立ち会いのAさん】

「この確定申告書に書いた売り上げの980万円、どうやって集計しましたか？」

「いや、だいたいこんなものかなと思って」

「何言ってるんですか。通帳を見て計算すれば一発でわかるでしょ」

痛いところを突かれましたが、Aさんはさらっと言い返しました。

「いや通帳を集計したことないので」

税務調査官は一瞬絶句しましたが、Aさんを疑いの目で見ました。

「通帳を集計しないってふつうじゃ考えられないですね。じゃあ、あなた、仕事で月いくらぐらいもらってるんですか？」

「まあ100万円ぐらいかなあ」

「それを12倍すれば1200万円になるでしょ。それなのに、どうして売り上げが980万円になるんですか？」

「いや、でもそれより少ない月もありますしね。……じつは確定申告した売り上げは適当でした。先日、税理士の先生に怒られて、初めて通帳を集計しなきゃいけないということを知りました」

「確定申告書を出したときは知らなかった、と？」

「はい。申告したときの私は何もわかっていないアホでした。いまは集計の大切さがわかってます」

Aさんはなんとか、重加算税は逃れることができました。

【自力のBさん】

「この確定申告書に書いた売り上げの980万円って、どうやって集計しましたか?」

「いや、だいたいこんなものかなと思って」

「何言ってるんですか。通帳を見て計算すれば一発でわかるでしょ」

「そ、そうですね」

「自分がいくら稼いだかくらい、わかってるでしょ?」

「ごめんなさい。ごまかそうとして、ついやってしまいました」

痛いところを突かれたBさんは、つい非を認めてしまいました。

Bさんは、悪質であると見なされて、調査期間を7年に変更、重加算税も課されてしまいました。

売上額を把握するには、銀行の通帳を確認します。振込額を順番に足していけば一発でわかるはずです。

もしも**確定申告の書類と実際の売上額に行き違いがある場合「故意にやっている」と思われてしまうと、調査期間が延びたり重加算税の対象になる**可能性があります。

②経費の把握

税務調査官は経費を把握しようとさらに質問を繰り出しました。

「確定申告書に書いた経費は、どうやって計算したんですか？　８００万円も経費があるとは感じられませんが」

【税理士立ち会いのＡさん】

「いや、領収書も捨ててしまって、まったく集計してないんですよ。で、経費もだいたいこんなものかなと思って書いてみました」

さすがに税務調査官は半信半疑のあきれ顔です。税理士の私がフォローに入ります。

「この人、うっかりのだらしない人なんですよ。申告漏れに関しては、ご本人も正すと言ってます。故意とは判断できないですよね」

「う〜ん、そうですね……」

税務調査官は渋々でしたが、Ａさんはまたしても、重加算税を逃れることができました。

【自力のBさん】

「確定申告書に書いた経費はどう計算したんですか？　８００万円も経費があるとは感じられませんが」

Bさんはモジモジしながら言いました。

「えっと、あの……経費が高いほうが税金が安くなるので……」

「何ですって！」

Bさんは脱税を疑われることになってしまいました。

③生活費は所得と経費をつかむための糸口

さらに税務調査官は質問を重ねてきました。

「生活費はどうですか？」

「妻に40万円渡していて、自分の小遣いが20万円で、子供の養育費が20万円ぐらいです」

「そうですか。それらを足していくと月80万円ぐらいになりますよ。12倍すると９６０万円。それなら９６０万円くらいの所得はあったんじゃないですか？」

もし違うなら反論してみろ、という迫力です。

■生活費から売り上げその他を推測

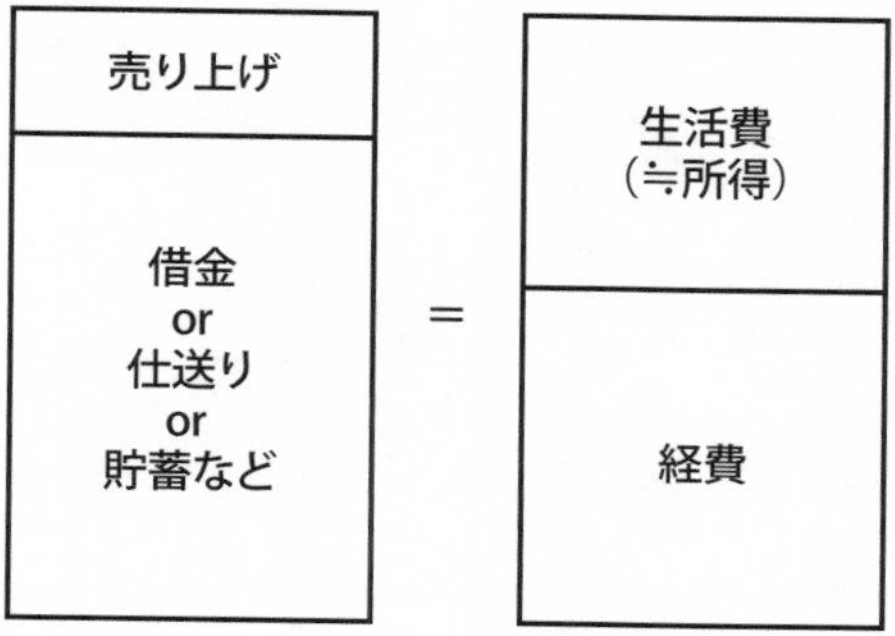

「そ、そうですね」

「でもあなたの申告内容では売り上げが９８０万円になっている。どう見ても生活できませんよね？　どうやって生活しているんですか？」

税理士立ち会いのAさんは「あ、それは、親からの援助と貯金を切り崩して生活しているので」と答えてことなきを得ました。

自力のBさんは「すみません、売り上げごまかしていました」と答えて、またもや悪質と判断されてしまいました。

借金や仕送りのない場合は「売り上げ＝生活費＋経費」ですが、借金や仕送り等がある場合は「売り上げ＋借金や仕送り＝生活費＋経費」となります。

税務調査その4　質問応答記録書の作成

この確定申告書のヒアリングの際に、仮装・隠蔽や偽りその他の不正行為が見受けられた場合、税務調査官は「質問応答記録書」を作成します。これは警察でいうところの取り調べ時の調書と同じようなものです。不正行為の事実を特定し、後になって「言った、言わない」で揉《も》めないように、証拠として残すためです。

たとえば、売り上げや経費でごまかしや脱税の意図があると判断されたBさんには、

「調査において、実際の売り上げが少なくとも1500万円はあるにもかかわらず、申告書には980万円と記載されているが、どのように集計したのか？という問いかけに対して、娘の学費など出費がかさむ時期であったことから、少しでも税金が安くなるようにするために、悪いこととわかっていながら、消費税の納税義務を逃れるために意図的に売り上げの一部を除外してしまいました、という回答があった」

などと書かれた質問応答記録書に押印させます。

これをもとに税務署は、売り上げの一部を意図的に除外した隠蔽行為があったものとして重加算税を課し、さらに偽りその他不正の行為があったものとして調査期間を7年分に延長します。

後になって不服申し立てや裁判など（169ページの図参照）で、「売り上げは申告当時、正しいと思って記載しました。税務調査で不備を指摘されて初めて計上漏れがあるのを認識しました。税金は安いほうがいいとはだれだって考えますよね。そういう意味で『税金が安くなるようにするため』と言いました。消費税の支払いを逃れるために売り上げを少なく計算したのではありません。売り上げの単なる集計漏れであって、税務署が指摘するような隠蔽行為はしておりません」

などと言われないようにするためなのです。

この書類は最後に調査官によって読み上げられ、同意するならサインを求められます。サインするかどうかは任意であり、拒否することも可能です。拒否しても罰則はありません。

しかし、調査によるデメリット（追徴課税が重すぎる等）がなければ、サインすることで早急に終わることもありますので、判断が難しいところでもあります。

私が立ち会う場合、状況を見ながらメリット・デメリットをトータルで判断し、サインをおすすめすることもあります。

税務調査その5　調査官の撤収

【税理士立ち会いのAさん】

「ちょっとここで数字を照らし合わせてもいいですか？」

税務調査官は資料を広げ、電卓を叩こうとしていました。

「それはちょっと……」

「いいじゃないですか」

Aさんが何も言わないので、立ち会いの私が助け舟を出します。

「資料は全部渡しますから、税務署へ帰ってやってくれませんか？」

「わかりましたよ。では預かり証にサインをお願いします」

税務調査官は資料を受け取ると、預かり証にサインをしてサッと帰っていきました。

時計を見ると、まだ12時前でした。


税務調査官は、上司から「なるべく現場で資料を集めて、現場で調査を終わらせてこい」と言われているようです。そのため、その場で電卓を叩いて、確定申告書の数字と突き合わせる作業をしたがります。

でも放っておくと、終わるまで延々と作業をして、ときどき「あ、××の書類はありますか？」「ここの数字が合わないんですが、どうしてですか？」などと聞いてきます。

私が立ち会う場合には「持って帰って税務署で計算して」と渡してしまうことも少なくあ

りません。資料はべつに隠し立てをするものではありませんし、ただ集計するだけです。現場で長々と作業されるのは時間のムダというものです。

【自力のBさん】

「ちょっとここで数字を照らし合わせてもいいですか？」

税務調査官は資料を広げ、電卓を叩こうとしていました。

「それはちょっと……」

「いいじゃないですか」

押し切られてしまったBさん。税務調査官はBさんの自宅兼事務所に夕方まで居座り、Bさんはその間仕事もできず、ボーッとしているだけでした。

やがて、調べるだけ調べたのか、税務調査官は「お疲れさまでした、調査結果は追って連絡します」と言って帰っていきました。

時計の針はすでに16時を過ぎていました。

調査の受け方・かわし方

税務調査官に対するNGワード

税務調査官に対しては、どんなふうに対応するのがいいのでしょうか。

特別に構えず、ふつうに礼儀正しく対応するのが基本ですが、先のAさん／Bさんの例のように**調査中にあなたが何を言うか、あるいは言わないかが、大きな分かれ道になる**こともあります。

特に次の3つの言ってはいけないことに気をつけてください。

①嘘（事実と異なること）を言わない
②あいまいな記憶で回答しない
③必要以上の情報開示はしない

調査を受ける側は「自分は警察に事情聴取されている容疑者と同じ」「うかつにしゃべったら大変なことになる」と思っておくくらいがちょうどいいでしょう。

①嘘（事実と異なること）を言わない

「通帳はこれで全部ですか？」

「はい、そうです」

「おかしいですね。請求書を見ると振込先がこれ以外の通帳に指定されていますけど」

「そ、それは……」

「もしかして隠し口座じゃないですか？」

「す、すみません」

「すみませんとは？」

「隠し口座で売り上げをごまかしていました」

「わかりました。では不正と認定します。調査期間を5年から7年に延長、重加算税の検討もさせていただきます」


隠し口座を使って実際の額より収入が少ないように見せかける、仕事にまったく関係ない領収書を経費だと偽るなど、**嘘をついていることがバレると、重加算税の対象に**なりかねませんし、税務調査官の追及がさらに厳しくなってしまいます。

ほかにも「これは取引先との接待で食事に行った領収書です」「ほかに収入はありません」といったミエミエの嘘はやめておきましょう。

②あいまいな記憶で回答しない

「この売り上げはおかしくないですか？」

「は？」

「毎月100万円の入金があるのに、なぜ980万円と書いたのですか？　その根拠を説明してください」

「いやー、ちょっと集計を間違えて」

「通帳を見ればわかりますよね？　おかしいですよね？　理由を説明してください」

「あの……それは適当に」

「適当って、あなた、どう計算したんですか？」

「す、すみません」

税務調査官にネチネチと攻め立てられると、なかには苦しまぎれに適当に答えてしまう人もいます。**客観的な資料に基づかず、自分の主観やあいまいな記憶で答えると、いい加減な**

数字ととられ、不正と認定されてしまいます。たとえ脱税の意図がなかったとしても、税務調査官はあやふやな部分を敏感に嗅《か》ぎつけます。

③必要以上に情報を開示しない

「あれ？　この請求書に対応する入金が通帳に見当たらないのですが」

「……そんなはずは」

「ああ、現金で受け取ったんですね？」

「あ、はい！　現金で」

「そうすると、領収書の控えを持ってますよね？」

「いや、あの……いつもは2階に保管してるんですけど」

「じゃあ2階を見せてください、2階に行きましょう」

「は、はい……」


税務調査官には質問検査権はあるのですが、質問だけでは調査は進みません。質問に対する答え、つまり本人の供述があって調査が進むのです。

質問されたことについては答えるべきですが、必要以上にポロッと口を滑らせると、それがヒントとなり、次の質問の呼び水になります。税務調査官の質問検査権の範囲がどんどん膨《ふく》らんでいって、知られたくないことまで知られてしまいます。

特に沈黙《ちんもく》が続くと気まずくなって、ついいろいろとしゃべりたくなってしまう人は要注意です。私は相談に来たお客さんには**「聞かれたこと以外はしゃべらないでください」**とお願いしています。

言いたいことがあれば、がまんせずに言う

「税務調査官を怒らせないように、ちょっと下手《したて》に出ておこう」

そう思っている方も多いようですが、へんに下手に出ると妙な上下関係ができてしまい、いらぬ突っ込みを受けたりします。下手に出る必要はありません。

言いたいことがあれば、がまんせずに言っていいし、おかしいと思うことがあれば主張していいのです。

たとえば税務調査官の説明が不親切、態度が悪い、本来は1回で終わるものを「もう1回教えてください」と言うなど、向こう側に落ち度があったりしたら、文句を言ってもかまいません。

税務調査官を怒らせたら重加算税を課されてしまう、などということはありません。

もしも税務調査官が気分を害して「この人はムカつくから重加算税」をつけようとしても、事実の裏付けがなければ上司に「重加算税の根拠はなんだ？」と問い詰められて、本人が困ることになります。

ただし、ケンカ腰でいけ、ということではありません。

どんな人間関係でもそうですが、特に交渉ごとではむやみに敵対するのは得策ではありません。**よほどのことがない限り、全面協力の体《てい》を装って心証をよくしておきましょう。**

領収書も請求書もないときは

「帳簿もつけてないし、領収書や請求書もないんです」という人がたまにいます。

そういった場合は、**通帳などの記録と本人からの聞き取りを元に売り上げと経費を計算し**ていきます。

経費はできるだけ高く認めてもらいたいですから、税務調査の前に紙に書き出し、整理しておきましょう。

領収書がないから経費は認められない……なんてことはありません。税務調査官は本人からの聞き取りを元に、過去の実績や同業者の数字を使って経費を推計します。

飲食店のような**現金商売の場合は、仕入れ額から原価率を推計し、原価率3割程度で計算**

すれば売り上げの規模が見えてきます。

売り上げも仕入れもすべて現金商売という場合は、**家賃や光熱費、使用した割りばしの数などが税務調査官のヒントに**なります。

思い出せないときは

記憶があやふや、覚えていないことについて税務調査官が質問してくることもあります。

そういうとき、記憶を無理やりたぐり寄せ、あいまいなまま「えーと、あれは、たぶん××だったと思います」などと答えるのは危険です。

覚えていないことは覚えていない、記憶にないと言ってしまえばいいのです。

たとえ、何かやましいことがあって「記憶にない」ととぼけていたとしても、それはそれで結構です。間違いなく断言できること以外は「記憶にない」と言ってください。

はっきり覚えていないことに適当な回答をすると墓穴《ぼけつ》を掘ります。

たとえば、あなたは5年前の確定申告書の中身を覚えていますか？

ふつう覚えていないと思いますが、その年にごまかしをした人は「あのとき、売り上げを少し減らしたよな」というように「悪事」は覚えていたりします。

しかし、少しでも記憶があいまいなら「わからない」「思い出せません」と答えてください。

逆に、証拠隠滅《いんめつ》のために意図的に破棄したと思われると厄介《やっかい》です。

たとえば現金売上があった場合、領収書の控えは本来取っておくべきであり、それを捨てるのは「売り上げを隠蔽するために破棄した」と見なされる場合があります。

「捨てた」には本人の意図が入っていると判断されてしまうのです。

はっきりと「破棄した」という記憶がないなら、「記憶がない」「思い出せない」と回答すべきです。

趣味について聞かれたら

「趣味は何ですか」と税務調査官が質問をしてくることがあります。

これを単に時間つぶしや間合いを埋めるための世間話だと思ったら大間違い。

じつは**生活費を把握するための質問**です。

同じ意図の質問には次のようなバリエーションがあります。

「ふだん、どこで飲んでいるんですか？」

「休みの日は何をされていますか？」

「取引先と趣味で遊んだりしますか？」

「お子さんの小学校は私立ですか？」


これらの質問にストレートに答えたら、税務調査官の罠《わな》にハマってしまっています。


「趣味ですか？　旅行が結構好きであちこち行ってるんですよ」

「ご家族で行かれるんですか？」

「毎月一回、家族全員で国内旅行にいくんですよ」

「ほー、どのあたりに？」

「温泉旅館が好きですね。露天風呂の後の地酒が最高で……」

4人家族で国内旅行をしてちょっといい旅館に1泊すると、ガソリン代やおみやげ代なども含めれば、1回に20万～30万円くらいはかかります。毎月だとすると、12倍すれば年間の旅行費は300万円くらいでしょうか。それだけの金額を趣味に使える所得があるということですよね。

売り上げ＝経費＋所得（生活費）です。先述したように、売り上げと経費があいまいな場合は、生活費から所得がどのくらいあるかを見ます。つまり**「高額な趣味があれば、所得も当然高い」**と把握されてしまうのです。

「趣味はヨットです」「キャバクラが好きで入れ込んじゃってね」「取引先とよく銀座のクラブに行くよ」「最近、車を買い換えたんですよ」「子供は二人とも私立だから授業料が大変で」「妻がブランドもののバッグを買いあさって……」などなど、本人としては税金とはあまり関係ない話のつもりかもしれませんが「高額所得がありますよ」と自白しているようなものです。

誤解を与えるようなものは見せない

本人が口を滑らせなくても、家に置いてあるものが動かぬ証拠になってしまうこともあります。**高価な趣味のコレクションなど、収入があると誤解を持たれるようなものは、調査官の目につくところに置いておかないこと**です。

「ほー、これは素晴らしいコレクションですね」

「いいでしょう」

「このシリーズ、私も欲しかったんですよ」

「10年前は儲かっていたから買えたんですよ」

「あれっ？　でもこれ、去年出た復刻版じゃないですか」

「あっ」

「10年前に買ったっていうのは嘘ですね？　もしかして、所得を隠していたのでは？」

「…………（しまった！）」

もし部屋を見せろ、金庫を見せろと言われたら

自宅に商売のお金を一時的に保管している人もいると思いますが、あまり高額なお金を保管していると「所得隠しだろう」と疑われてしまいます。

税務調査官からいきなり「部屋を見せてくれ」「金庫を見せてほしい」と言われたら「なぜですか？　見せたくありません」と言うことはできます。

しかし、次のような会話の流れがあったら、見せるのを拒否するのは難しいでしょう。

「現金商売なんですよね？」

「銀行のＡＴＭでたまに１００万円とかまとまった金額をおろして、そのお金でお客さんに払ってます」

「現金は、いつもどこに保管してますか？」

「私の寝室に金庫があって、そこで」

「じゃ、ちょっと保管状況を確認させてもらっていいですか？」

税務調査官が金庫を見る正当な理由を与えてしまっています。

ＰＣを見たがるときは

「いつもどうやって受注していますか？」

「知り合いの紹介からが多いですね」

「得意先がいるということは、請求書を発行していますよね」

「そうですね」

「まさか手書きですか？」

「いや、さすがにパソコンで作っています」

「そうですよね〜。ソフトは何を？」

「エクセルです」

「ちょっと見せてもらっていいですか?」
「あ、はい」
「これ、入金と照合させてもらっていいですか」
「…………(マズい)」

もし「パソコンを見せてください」と言われたときどう答えたらいいのでしょうか。いま見せると、見せたくないものも見られてしまう。でも見せるのを拒否すると調査拒否と思われてしまう……究極の選択といえるかもしれません。そんなときの模範回答がこれです。

「必要な資料はプリントしますから、おっしゃってください」

税務調査官にパソコンを操作させると余分なファイルまで見られてしまうので、自分で操作して画面を見せるか、プリントアウトした紙を渡すようにしてください。

あるいは**「プライベートの恥ずかしい写真が入っているので見せたくありません。整理してから提出します」**でもかまいません。

すぐには見せませんが、調査官の見たいという要望に応じる姿勢を見せているため、セーフです。

「ねえねえ、恥ずかしいってどんなもの？」と突っ込んでくる税務調査官はいないはずです。

「おみやげ伝説」の真実

「税務調査のときは、おみやげを持たせるといい」という話を聞いたことがある人もいると思います。

おみやげといっても、物ではありません。なんらかの間違いやミスを用意しておけば、税務調査に来た人もそれを「おみやげ」にして帰りやすい、という都市伝説です。

それなりの規模感がある企業に税務調査に入った場合は、全部は指摘してこないケースがあります。ある程度のところまで追及したら、それを「おみやげ」にして、あとは行政指導として帰ってしまいます。

規模が大きくない小企業や個人事業主などが、わざわざ「おみやげ」を作る必要があるか、と聞かれれば、私はないと考えています。

税務調査官も仕事で来ていますから、脱税の証拠など大きな「結果」を見つけ出せればそれがいちばんだと考えます。しかし、必ずしも大きな結果を出す必要はありません。「現地へ赴き、きちんと調査をしたけれど、何も出なかった」というのも、1つの結果として認められます。

つまり、**ちゃんとしたプロセスがあれば、きちんと仕事をした、ということになり、彼らは堂々と帰っていける**のです。

もしかしたら、建築や建設業界や職人さんなど、成果物を納品しないと1円ももらえないという業界とは、「仕事」に対する感覚が少し違うのかもしれません。

「脅し」「嫌がらせ」の反面調査は断る

反面調査は税務調査の対象となった個人や企業の取引相手を調査することと説明しました。

「得意先あての請求書をなくしてしまいました」「ギャラは現金でもらっているので総額はわかりません」「下請けに払った金額がわかりません」など、相手先に聞かなければわからないことが出てきた際に、それを確かめるためにおこなわれます。

「では、取引先に直接こちらで反面調査をして確認します。よろしいでしょうか」

税務調査官にそう言われても、こちらとしては、よろしくないこともあります。

「いやいや、あなたの持っている資料では売り上げの総額が把握できませんので、調査に必要なために取引先に反面調査をさせていただきます」と言われると、これに反論するのは難しいですね。

でも、ちょっと待ってください。なぜ税務調査官は「反面調査をしてもよろしいでしょうか」と質問するのでしょうか。

調査する権限があるのだから、黙《だま》って調べてしまえばいいと思いませんか？

じつは**反面調査をされることによって、得意先の信用を失ったり、損失を被《こうむ》る可能性があります。万が一、反面調査の必要がないにもかかわらず行って損害を与えたのであれば、損害賠償に発展する問題になりかねません。**

もちろん調査に必要であれば行けるのですが、反面調査は無制限にできるというわけではありません。ですから、問題にならないように調査対象者の同意を求めるのです。

また、まれに「入金の資料を出してくれないなら、反面調査に行きますよ」といったように、税務調査官が欲しい答えを得るための脅《おど》しの道具として反面調査を使うこともあります。

もしも調査の必要性からではなくて、**これは脅しや嫌がらせのたぐいだろうと思ったら、思いきって「嫌だ」と言ってみるべき**でしょう。

反面調査も使いよう

ところで、世の中には「税務調査当たっちゃったんだよね」「反面調査に行かれちゃってさ」と、開き直る人もいます。「寝てない自慢」や「不健康自慢」をする人と同じような心理でしょうか。

いいほうに受け取れば、取引先としっかりと関係性ができているので、反面調査くらいで信頼が揺らいだりしないのでしょう。

反面調査はマイナス面ばかりではありません。

経費を立証するため、仕入れ業者や外注のところに反面調査が入ってもらったほうがありがたいという意見もあります。

請求書の再発行を直接頼んでも、面倒がってなかなか出してくれない取引先も、税務署が言えばサッと「わかりました」と応じてくれることが多いですから、反面調査も使い方によっては便利な面もあるのです。

第4章

調査後が本当の勝負

調査結果の連絡

調査結果は書面でもらおう

税務調査の結果、自分はどうなるのだろうとドキドキ、心配する方もいるでしょう。

「このたびはご協力ありがとうございました。調査の結果をお知らせします」

調査が終わって、1週間から数週間後、税務調査官から調査結果を知らせる電話がかかってくることがあります。

「大切なことなのに書面じゃないのか？」と疑問に思う人も多いでしょう。

調査結果の連絡については、事前通知と同じく、どのような方法で連絡するのか、決まりはありません。そのため、確たる証拠が残る書面ではなく、電話連絡ですませる担当者もいますので、なるべく書面でもらうようにしましょう。

調査の説明

調査結果の連絡では次のことを伝えてきます。

・あなたの所得
・なぜこの所得になったかという根拠
・あなたの税金
・重加算税の有無

たとえばこんなふうにです。

「あなたの場合、売り上げ××円の計上漏れに関しては認定しました。

経費について、帳簿又は領収書の存在は認められませんでしたが、実際に経費が発生しているという事実は認められるので、推計で算出しました。

その結果、あなたの所得は××円で、所得税と消費税は××円になります。

あなたは売り上げについては××万円隠していました。これに関しては仮装・隠蔽が認められるので、重加算税を課します。それ以外の申告漏れに関しては、過少申告加算税を課します。

調査結果に対してご納得いただけるのであれば、修正申告に応じてください。もし、納得がいかないのであれば更正《こうせい》処分の手続きに入ります」

税務調査官は現場での**調査終了時または後日、電話で「だいたいこれくらいですから、修正申告に応じてもらえませんか」と根回しすることが多い**ので、この通知でいきなり高額な支払いを請求されてビックリすることはないでしょう。

この調査結果の説明を受けて「わかりました」と受け入れると、あらためて確定申告をやり直す「修正申告」に応じることになります。

税務調査後のルート

税務調査の結果は3種類

税務調査の結果は、次の３つのルートに分かれます。

①申告是認《ぜにん》　②修正申告　③更正処分

①申告是認

税務調査で「特に問題がみつからなかった」という場合です。

税務署から「是認通知書」を受け取って終了です。

■税務調査後の流れ

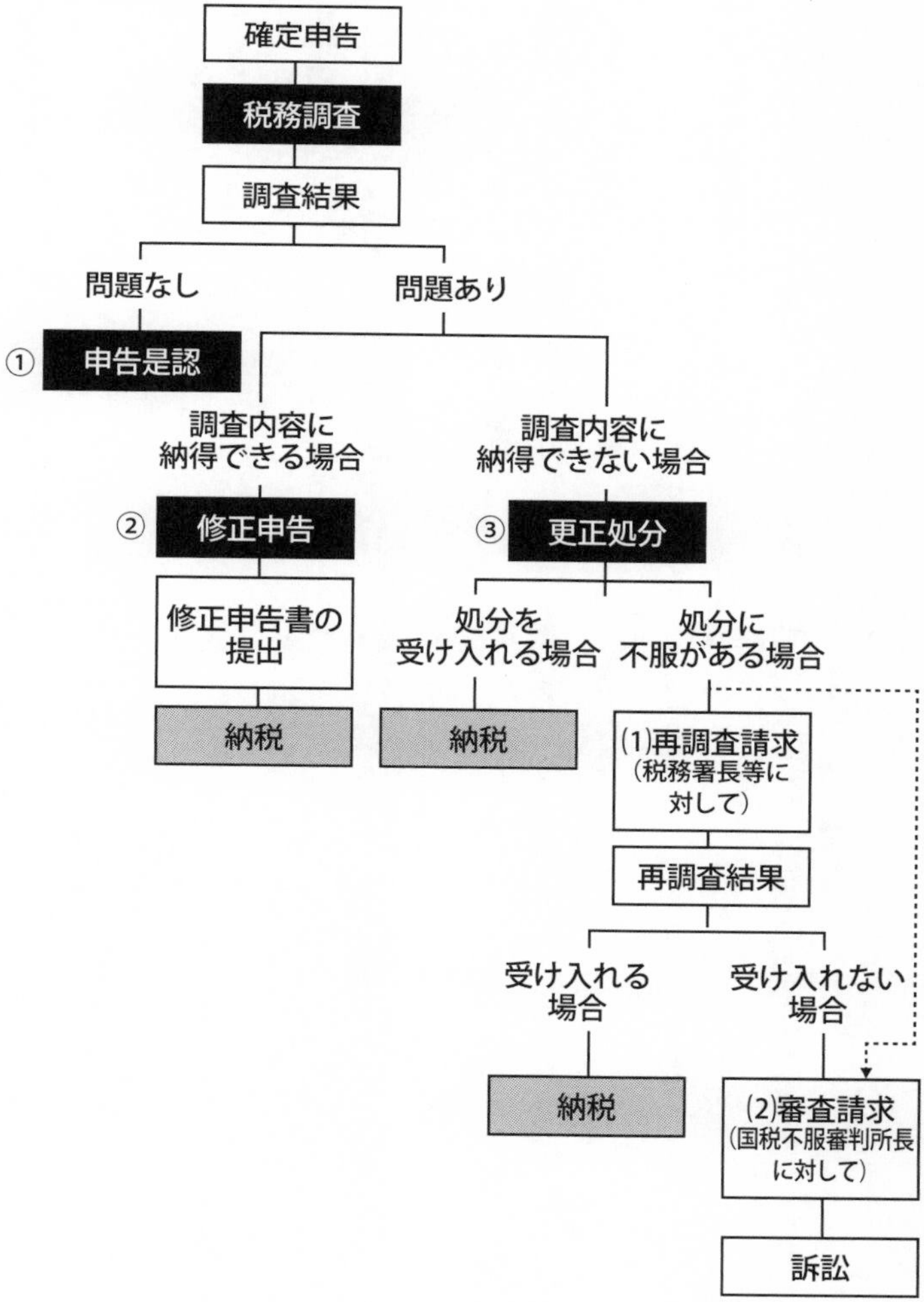
確定申告
税務調査
調査結果
問題なし
問題あり
①申告是認
調査内容に納得できる場合
調査内容に納得できない場合
②修正申告
③更正処分
修正申告書の提出
処分を受け入れる場合
処分に不服がある場合
納税
納税
(1)再調査請求（税務署長等に対して）
再調査結果
受け入れる場合
受け入れない場合
納税
(2)審査請求（国税不服審判所長に対して）
訴訟

②修正申告

税務調査の調査結果で「問題がある」とされ、修正を受け入れる場合です。修正申告をおこない、足りない分の税金を納付して終了です（無申告の人の場合はこれを「確定申告」といいます）。

③更正処分

税務調査の調査結果で「問題がある」とされ、修正を受け入れない場合です（無申告の人の場合は「決定処分」といいます）。

更正処分となると、税務署が強制的に申告を修正または税額を決定し、本来の納税額から当初申告の納税額を引いた金額の納付を求められます。修正申告より納税額が高額になるわけではありません。

更正処分を受け入れる場合は、税務署が発行する「更正通知記載書」に書いてある金額を納付して終了します。

内容に不服があって受け入れられない場合は、再調査請求や審査請求をおこなうことができます（169ページの図参照）。

「９割が修正申告」のカラクリ

税務調査の結果、当初の申告書に問題が見つからず、修正申告も不要という申告是認や、問題ありとされても修正を受け入れず更正処分を受けるケースもないことはないのですが、私が税理士として立ち会った税務調査の結果で、いちばん多いのが修正申告です。私の経験では**申告是認も更生処分されるのもそれぞれ数パーセント程度**です。

税務調査の結果の９割が修正申告だといっても過言ではないでしょう。

なぜなら税務署が目指しているゴールは修正申告だからです。

修正申告は、納税者のほうが「間違っていたことを認めて、申告をやり直します」と自分に非があったことを認め、納税するという税務署にとっていちばんうれしい結果です。

もちろん、そこには相応の理由があります。「９割の人が修正申告を選ぶ」ということは、納税者側にもメリットがあるからです。自分にメリットがないのに、お上《かみ》のいうことに素直に従うわけがありません。

【修正申告のメリット】

①所得税について領収書がなくても経費を認めてくれる可能性がある

②スーパー消費税（94ページ参照）が回避できる（仕入税額控除を認めてくれる）可能性がある

重加算税を課されるデメリットがあっても、上記2点の経費を認めてもらうメリットのほうが、納税者にとって大きくなることが多々あります。

逆にいえば、**「修正申告に応じてくれるなら、この2つを大目に見るよ」というバーター取引になっている**のです。

税務署は、税務調査での交渉を通じて、双方ウィンウィンの関係に持っていくというわけです。

修正申告はどうやってするのか？

修正申告は税務署に作らせる

修正申告に応じようか、となったとき、こんなことを考えませんか。

「確定申告修正の書類をもう一度作らなきゃいけないのは、億劫《おっくう》だな」

そうですね。修正申告書は国税局のＨＰから作ることができますが、ただでさえ面倒な確定申告書をもう一度最初から作りたいという人はそういないでしょう。

税務署側もそこはわかっているようで、修正申告はとても簡単。税務調査後の修正申告に関しては、依頼すれば数字の入った書類を郵便で送ってくれます。

大切なことなので太字でもう一度書きますよ。**修正申告の書類は頼めば税務署が作ってくれます。**

あなたはそれにざっと目を通して、サインをして送り返すだけです。

なぜそんなに簡単でいいかというと、税務署のサービス……ではありません。

税務調査で確定申告書に書くべき内容はすべて調べ済みのはずです。そこでヘタに本人や税理士に確定申告書を作らせたりすると、税務署側に「税務調査で調べた数字と合っているかな？」と照らし合わせてチェック作業をする必要が生じてしまいます。

税務署としてもこんな二度手間は避けたい。すでに数字はつかんでいるのですから、税務署側が確定申告書を作るのにそれほど手間がかかるはずはありません。

修正申告後の納税

税務署が作ってくれた修正申告書にサインをして送り返したら、次は本税と附帯税の納税です。

本税とは所得税や消費税など本来払うべき税金のことです。この不足分を納税します。**附帯税とは過少申告加算税や重加算税などの加算税と、いわゆる利息である延滞税**を指します。

修正申告に関しては、修正申告書を出した日が納付期限です。つまり、申告した瞬間、本税の納税義務が確定します。

そして、加算税は通常、修正申告して1カ月前後経過したときに納税となります。延滞税は本税にかかり、いわゆる利息に相当する税なので、本税をすべて納めたときに初めて金額が確定します。附帯税についてくわしくは後述しますが、おおよそ次のようなイメージです。

- 修正申告の納税額＝本税の不足部分＋附帯税（加算税＋延滞税）
- 本税＝修正申告を出した日に納税
- 附帯税─┬─加算税＝修正申告をして1ヵ月後に納税
　　　　└─延滞税＝本税をすべて納税した日をもって金額確定、納税もともと3月15日（消費税は3月末日）までに前年の所得税と消費税を払うというルールがあります。調査がきた段階では、必ずその期限は過ぎていますから、これはもう出した瞬間、即日納付です。

納税方法は、78ページで説明した5つの方法から都合のよいものを選べます。

「ちょっと待って！ そんな大金すぐには払えない」という場合はどうでしょうか。

すぐでなくても、払えるあてがあるのならば、修正申告書を送り返すのを少々遅らせて、その間に納税資金の手配を……という手段もとれないことはありません。しかし、これは裏ワザです。常識的に考えて、**待たせるのは1～2週間が限度**でしょう。

問題は、払えるあてがない場合です。次のどちらが正解でしょう？

A「すみません。修正申告書を提出したんですけど、お金がなくて税金が払えません」

B「すみません。お金が貯まって税金が払えるようになったら、修正申告書を書いて提出します」

税務署にとっては、正解はAです。

彼らは、払えるか払えないかは横に置いて「いったん税額を確定してほしい」と考えています。そのために、まず確定申告書を提出してください、というのです。

しかし、先ほど書いたように修正申告書を提出した日が納付の締切日です。**申告書を提出した日から支払いまで、間が空けば空くほど延滞税は増えていきます。**これは悩ましい問題です。

どんな事情があろうとも、「税金が支払えないから」とズルズルと申告書の提出を後回しにしていると「この人は修正申告をする意思はないのだな」と判断されてしまう可能性もあります。「いまお金をかき集めているから待っていてほしい」と言っても、税務署は聞く耳を持ちません。

税務署のスタンスとしては「支払いが遅れるのはしょうがないですね。待ちましょう。遅れてもいいんですよ。その分の延滞税をきっちり払ってくだされば」というところでしょうか。

私が立ち会いを依頼された場合、修正申告書を提出したところまででいったん業務は終わりますが、支払いの相談に来るお客さんもいます。

くわしくは194ページで解説しますが、分割で納付する相談や、換価《かんか》の猶予《ゆうよ》の手続きなどの方法をお伝えしています。

納得せずに修正申告書を提出しない

修正申告をする際は、必ずしっかり内容や金額をチェックしましょう。

安易に「これでいいや」ですませてしまうのは絶対にやめてください。一度修正申告に応じてしまうと「やっぱりあそこがおかしい！」と思っても、もう後戻りはできません。

指摘された内容や金額をよく検討して、納得した場合は応じ、納得いかない場合は、修正申告書を提出せずに更正処分に向かいます。

納得できないときは「更正処分」へ

調査結果を受け入れられない場合

税務署が指摘してきた結果を受け入れられない、ということも当然あります。

納税者が調査結果の内容を「受け入れられない」と伝えた場合、税務署は次のように言ってきます。

「修正申告に応じないのであれば、税務署のほうで税金を決めさせていただきます」

それが「更正処分」です（そもそも確定申告をしていない場合は「決定処分」という呼び方になります）。

処分が確定した瞬間に税額が確定します。

「修正申告」と「更正処分」は、どう違うのでしょうか。

修正申告＝「私が間違えていました」と認め、納税者が自主的に申告するもの。本税について不服申し立てはできない

更正処分＝納税者と税務署との間に見解の相違があるため、税務署が強制的に納税額を決定するもの。不服申し立てはできる

どちらになったとしても、結局、税金を納めることには変わりがありませんが、先に述べたとおり、納税者にとってのメリットを加味してくれているのであれば、修正申告をしたほうがよいです。そうでないなら、遠慮せずに更正処分を受ける道を進むべきです。実際に私も、クライアントの要望を受け、更正処分を受け税務署を相手に闘うこともあります。

更正処分が少ないのは税務署の事情

修正申告にはメリットがあるとはいえ、更正処分にも不服申し立てができるという点では、納税者が権利を主張できる優位性があります。にもかかわらず、なぜ更正処分は極端に少ないのでしょうか。

それは、**税務署が更正処分に消極的で、なるべく避けよう、避けようと働きかけているせいもあります。**

税務署が更正処分を避けたがるのには、次の３つの理由があります。

①不服申し立てされてしまう

更正処分された納税者は不服申し立てをすることができます。だから納税者には更正処分を受けたほうがいいように思えるのですが、税務署員の立場になって考えてみましょう。

更正処分となると税務調査は別の調査官の担当になり、税務調査は再調査、つまりやり直しです。税務署にとっては二度手間であり、時間とコストのムダになりかねませんし、担当した税務調査官個人としても、不愉快だろうと想像できます。

②否認の証拠が必要になる

確定申告した内容のうち、納税者が主張したものの中で否認された事項について、納税者が納得しておこなう修正申告では、否認の理由にそれほど厳密になることはありません。本人が認めているのですから、多少内容があいまいでも、税務署側に非はありません。

しかし、更正処分となると、最終的には裁判になる可能性もあり、否認の根拠を法令などによって明確に指摘しなければならなくなります。これは税務調査官にとって、かなり手間のかかる、メンドクサイ作業です。

③決裁者が税務署長

修正申告で終了する通常の調査の決裁者は、実質的には調査官の上司である統括官ですが、更正処分の場合は国税局を経由して、税務署長の決裁が必要となります。サラリーマン経験のある方ならここでピンとくるでしょう。決裁者の役職が高ければ高いほど、税務署内部での手続きが面倒になってしまうのです。

222ページにくわしく書きましたが、更正処分には「交渉手段」として使える面もあります。更正処分を避けたいために、調査官が「修正申告に応じてもらえるのであれば、この数字で終わらせますよ」とこっそり申し出てくることもあるのです。

不服申し立て・審査請求・訴訟

【不服申し立て】

更正処分の内容に納得できない場合は「不服申し立て」をすることができます。**不服申し立ての前に、更正処分された金額で納税をしておくほうがお得です。納得いかない内容・金額であっても、いったん折れて納めておきましょう。**

不服申し立ての内容が通れば、払いすぎた分は取り戻すことができますが、もし通らなかった場合は納税するまでの期間の分の「延滞税」が取られてしまいます。

【再調査請求・審査請求】

更正処分を受けてから3ヵ月以内に、どちらかを請求できます（169ページの図参照）。

(1)再調査請求……税務署長等に対しておこなう
(2)審査請求……国税不服審判所長に対しておこなう

(1)を経ずに(2)に進むことも可能です。

(2)の審査請求を受け付ける「国税不服審判所」は、納税者の権利を守るために作られた、国税庁や税務署から独立した組織です。独立組織ではあるのですが、発足《ほっそく》した当時は国税庁の附属機関だったという経緯があります。

国税不服審判所に対する審査請求が却下された場合は、裁判への道が残されています。

【訴訟】

行政を相手取った裁判で、どちらが正しいかを争います。訴訟までいく場合は、税理士ではなく、弁護士の出番です。

追徴課税は闇金なみの高利率

追徴課税とは?

税務調査の結果、修正申告あるいは更正処分になり、納めていた税金が本来納めるべき額より少なかった、とあきらかになった場合に、本来納めるべき税金(本税)にプラスして課されるペナルティのことを、一般に「追徴課税《ついちょうかぜい》」と呼んでいます。これまでにも出てきましたね。

税法上「追徴課税」という言葉は存在しませんが、「加算税と延滞税との総称である附帯税のこと」といった意味で使われています。具体的には以下があります。

【附帯税の種類】

- **過少申告加算税**
- **無申告加算税**
- **不納付加算税**
- **重加算税**
- **延滞税**

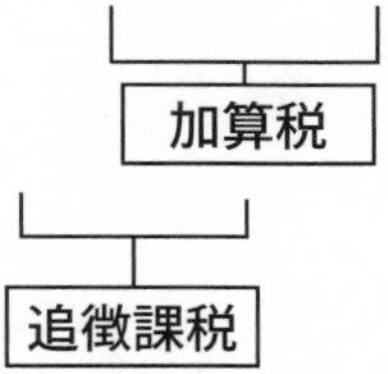

これらの支払いが難しい場合は、特例で分割が認められることもあります。それぞれを説明しましょう。

過少申告加算税

追徴課税のひとつである「過少申告加算税」は、確定申告はしたけれど、税金を少なく(=過小に)申告したため払うことになる加算税です。

過少申告加算税は、いつ修正申告をするかで税率が変わってきます。

・税務調査の事前通知があってから税務調査がおこなわれ更正されることを予知される前までの期間＝5％（10％）
・税務調査がおこなわれ更正されることを予知されたとき＝10％（15％）
※（　）内は「期限内に申告した税額または50万円の多い方」の金額を超える部分の税率

【計算例】
▼自分で確定申告をして30万円を納税していたAさんは、税務調査で本来の納税額が90万円だったことが判明しました。修正申告をして納税する場合、次のような計算になります。
（「本来の納税額」－「当初申告（いちばん初めにおこなった申告）による納税額」）×10％
（ただし期限内申告税額と50万円のいずれか多い額を超える部分は15％）
（50－30）×10％＋（90－50）×15％＝8万円
Aさんは、本来納めるべき納税額の不足分60万円プラス過少申告加算税8万円、計68万円を支払うことになります。

無申告加算税

無申告加算税は、期限までに確定申告をしなかった人に課せられる加算税です。

申告をしたものの額が少なかったという過少申告加算税と比べると、**無申告は税率が重く、「過少申告加算税プラス5％」**となります。

過少申告加算税と同じく、**いつ修正申告をするかで税率が変わってきます。**確定申告の期限から1カ月以内に申告、納付していれば免除されることがあります。

・税務調査の事前通知前に修正申告をした場合＝5％
・事前通知後から税務調査がおこなわれ決定されることを予知される前までの期間＝10％（15％）
・税務調査がおこなわれ決定されることを予知されたとき＝15％（20％）
※（　）内は「期限内に当初申告がない場合50万円」の金額を超える部分の税率

【計算例】

▼本来納める税額が90万円であるにもかかわらず、確定申告をしていなかったBさんが、税務調査によって指摘され納付した場合の税額はいくらになるでしょう。

「本来の納税額」×15%
（ただし50万円を超える部分は20%）
50×15%＋（90－50）×20%＝15・5万円
Bさんは、本来納めるべき納税額90万円プラス無申告加算税15・5万円、計105・5万円を支払うことになります。
（注）当初申告が期限後の申告の場合、その後修正申告をしても無申告加算税になります。

不納付加算税

従業員のいる法人や個人事業主は、従業員に給料を支払うときに、源泉徴収をして国に納める義務があります。正当な理由なく期限内に納付しなかったときに、不納付加算税が課せられます。
税率は10%ですが、税務調査の事前通知前に修正申告をした場合は5%です。

重加算税

過少申告、無申告、不納付などの加算税があり、それに加えて、二重帳簿や所得隠しなど**悪質な不正行為である「仮装・隠蔽」と税務署が認識した場合**に課されます（仮装・隠蔽については227ページで解説します）。

重加算税には**高い税率が設定されています。**

・過少申告加算税の場合＝35％
・無申告加算税の場合＝40％
・過去5年以内に同じ税目に対して無申告加算税または重加算税が課せられていた場合＝さらに10％上乗せ

【計算例1】……過少申告加算税がかかる場合の重加算税

▼自分で確定申告をして30万円を納税していたAさんは、税務調査で本来の納税額が90万円だったことが判明しました。税務調査を受けて、重加算税の対象になってしまった場合、次のような計算になります。

（「本来の納税額」－「当初申告による納税額」）×35％
（90－30）×35％＝21万円

Aさんは、本来納めるべき納税額の不足分60万円プラス重加算税21万円、計81万円を支払うことになります。

（注）過少申告加算税（無申告加算税）と重加算税（無申告重加算税）は、同時に課せられることはありません。「過少申告加算税に代わって、重加算税を課す」というような明文があります。

【計算例2】……無申告加算税がかかる場合の重加算税

▼本来納める税額が90万円であるにもかかわらず、確定申告をしていなかったBさんが、税務調査によって重加算税の対象になってしまった場合、税額はいくらになるでしょう。

90×40％＝36万円

Bさんは、本来納めるべき納税額90万円プラス無申告重加算税36万円、計126万円を支払うことになります。

延滞税

かつて、返すのを忘れていたレンタルビデオの延滞金がどんどん膨らんで、ビックリするほどの金額になっていた、という話をあちこちで聞きました。延滞金を払わなくてすむように急いで返した経験のある方もいるでしょう。

税金も払うのが遅れると、遅れた日数に応じて延滞税を取られてしまいます。いわゆる利息に相当する税です。

延滞税を加算されるのは本税だけ、加算税には課税されません。

延滞税の額は、申告期限の翌日から完納日までの日数（延滞期間）に応じて算出します。

（「納付すべき本税の不足額」×「延滞税の税率」×「延滞期間」）÷３６５日＝延滞税額

課税される税率は延滞期間で変わります。具体的にいうと、**納付期限の翌日から２ヵ月を超えると税率がプラス６・３％に**なってしまいます。

①納期限までの期間および納期限の翌日から２ヵ月まで＝「年率７・３％」または「特例基準割合＋１％」のいずれか低い方を適用

②納期限の翌日から２ヵ月以降＝「年率14・６％」または「特例基準割合＋７・３％」のいずれか低い方を適用

※特例基準割合＝国税の延滞税などに使われる数値。国内銀行の短期貸出約定平均金利の年平均に１％を加算した割合

具体例をあげると、最近の延滞税率は次の割合となります。

（期間）	（①の場合）	（②の場合）
平成30年1月1日～令和2年12月31日	年2・6％	年8・9％
令和3年1月1日～12月31日	年2・5％	年8・8％

ただ、延滞税には、適用される特例基準割合が毎年のように変わったり、期限内に申告している場合、一定期間を計算期間に含めない特例など複雑な部分があるため、詳細は個別に確認する必要があります。

税金を払わないとどうなるか？

税金を払うために借金？

「ヒャーッ！　追徴課税でえらいこっちゃ、借金してでも払わないと！」

と、あわてる気持ちもわかります。

しかし、「税金を払うため」という目的で、銀行などでローンを組むことはなかなか難しいものです。

そうなると貸してくれるのは、カードローン（大手消費者金融）やいわゆる街金《まちきん》（特定地域で営業する中小消費者金融）ですね。なんとなくイメージがよくないですが、それは利率が高いからではないでしょうか。

しかし、もし利率が低いカードローンや街金があれば、利用するのも一つの方法です。**延滞税率が（高いものでは）8・8％。それよりも低い利率で借りられるならば、どこから借りてもいい**のではないでしょうか（違法業者である闇金《やみきん》の利用は厳禁です）。

税金はすぐに払えという建て前なので、待ってくれません。**期限がくれば、差し押さえなどの「強制執行」がなされてしまいます。**

税金を払うために借金をするのが悪いことだと決まったわけではありません。延滞税の利率と借金の利率とを比較して、どのくらい待ってくれるかも考慮して、検討することが必要です。

闇金よりもこわい？　税務署の取り立て

借金でこわいのは、強引な取り立てですが、昨今は脅《おど》したり身ぐるみをはいだりするようなひどい取り立ては取り締まりの対象になってしまいます。

しかし、**税務署の取り立てには容赦《ようしゃ》がありません。**

税金を滞納しつづけているとどうなるか、順を追って解説しましょう。

①延滞税が発生する

本税については、支払い期日を1日でも過ぎると発生します。

②督促《とくそく》状

滞納から1～2カ月で督促状が送られてきます。10日以上経過しても支払われない場合、法的に財産の差し押さえが可能となります。

③財産の差し押さえの勧告

最終催告として、財産を差し押さえますよ、という通知が送られてきます。

④財産の差し押さえ

最終勧告にも応じなければ、財産の差し押さえが執行されます。

預金も家も車も没収？　差し押さえ

「ああっ、それは娘の給食費なんです、どうか、それだけは堪忍《かんにん》してぇ」

ドタドタと土足の男たちが駆け込んで、家中の家財道具に赤い紙を貼りまくり、勝手にはがしたりしたら怒られる、金目のものは全部持っていかれ、明日からのご飯にも困ってしまう……差し押さえにそんなおそろしいイメージを持っている方もいると思います。

差し押さえは税金の未払いだけでなく、借金を返済しないときなどにも最終手段としておこなわれる強制的に財産を取り立てる手続きです。財産を差し押さえられた状態で、払うべきお金を払わないと、その財産は競売《けいばい》にかけられ、売上金が返済に充てられます。

税金の取り立てがおそろしいのは、一般的な借金よりも差し押さえのハードルが低いからです。

冒頭のような、昔の映画やテレビドラマのイメージで自宅にある美術品や貴金属類、家具、電化製品などが差し押さえられると思っている方が多そうですが、差し押さえの対象となる財産はそういった動産だけではありません。**銀行の預金や、所有している不動産、得意先に対する債権なども、差し押さえの対象になる財産**です。

とはいえ、財産を差し押さえられたからといって、すぐに生活できなくなるわけではありません。

しかし、自営業者の場合は悲惨《ひさん》です。

ある日、Aさんは得意先の経理担当者から「税務署からこんな通知がきているので、今月の代金はお支払いできません」と言われてしまいました。

Aさんは**未払いの税金があったため、いきなり債権を差し押さえられてしまった**のです。

「債権」はお金を支払ってもらう権利です。債権の差し押さえとは、**得意先から支払ってもらう予定の作業代金や商品代金が、全部取り上げられてしまうということ**です。

「お金が入ってこないと、仕入れができないから、仕事も回らない、生活できない！」とAさんは途方に暮れてしまいました。

税金は一発で払えなくても大丈夫

「税金で1000万円払え、なんて言われても、一発で払えないですよ、どうしたらいいですか？」と、ほとんどのお客さんが面談の際にこぼします。

必ず通るとは限りませんが、**分割納付の相談ができることもあります**。

また、**一気に払えないときには、まず本税（所得税や消費税など）を払うのがコツ**です。

延滞税は本税だけにかかるものです。本税を完納させてしまえば、加算税が残っていたとしても延滞税は発生しません。本税だけを優先的に納めることは認められています。これもある意味、節税方法の一種です。

換価の猶予

追徴課税や延滞税で、払わなければいけない金額は雪だるま式にどんどん膨《ふく》らんでいきます。さあ、困った……。

そんなときに利用できる制度が「換価《かんか》の猶予《ゆうよ》」です。

「換価」は差し押さえた財産を競売にかけ金銭化すること、「猶予」は待ってくれるということ。つまり、差し押さえを待ってくれる制度です。

換価の猶予が認められると、財産の差し押さえが猶予され、原則として1年間（状況に応じてさらに1年間）納税が猶予されます。さらに猶予期間中の延滞税は軽減されます。

換価の猶予を利用するには、申請が必要です。さらに、税金を払ってしまうと仕事や生活に差し障る、払おうという意思がある、ほかに滞納している国税がない、などの要件があります。

分納の手続きや換価の猶予の申請は、できればご自身で税務署に出向いておこなうのがいいのでしょうが、これらの書類は確定申告書なみに作るのが大変です。

税務調査に立ち会う税理士を探すときに、最後の納税のところまで踏み込んで協力してくれるかどうかもチェックしたほうがいいかもしれません。

第5章

頼れる税理士があなたを救う

税務調査の立ち会いをプロに頼む

税理士に立ち会いを頼むには

「自分一人で税務調査に立ち会うのはちょっと無理っぽいな。でも、普段から付き合いのある税理士なんていないし、どうしたらいいんだろう」

本書をここまで読んで、そんな感想を持っている方も多いでしょう。

税務調査の連絡がきた後でも税理士と契約することは可能です。

税務調査の立ち会いを税理士に頼んだときの流れは次のような感じです。

①電話で問い合わせ

↓

②面談

↓

③当日の立ち会い

↓

④調査結果の連絡

税務署から「税務調査に行きたいんですが」と電話がきたAさんのケースをみていきましょう（なお、以下に出てくる税理士費用は2021年6月現在のものです）。

まずは電話で問い合わせ

電話を受けたAさんはあわてました。

「うわー。確定申告なんて適当にやってるし、領収書もないし、どうしよう」

インターネットで検索して、弊社を見つけて連絡をくれました。


「税務署から税務調査の電話がきたんですけど、どうしたらいいですか?」

最初はこのように漠然《ばくぜん》とした感じて問い合わせをしてくるお客さんがほとんどです。そこで本当のところを話してもらうために、あえて私はこう言います。

「正しく申告されていれば、税務署の人が来ても特に問題はないと思うんですが?」

「えーと……じつは売り上げをごまかしていて、それから適当に申告してて、領収書も全部捨ててしまってるんですが」

「なるほど。お客さん、どういう仕事をされていますか？」

「建築業です。一人親方みたいなことやっています」

「そうですか、それではいくつか質問をさせてください」

最初に次のようなことを確認します。

・所在地
・家族構成
・事業の規模と概況
・売り上げと経費（概算）、およびそれを証明できる資料があるかどうか
・外注費があるかどうか
・税務署から電話があって何に困っているか？

ヒアリングの結果、Aさんは数百万円の脱税を疑われている、と見当がつきました。

このまま税務署の言いなりに進んでしまったら、消費税、重加算税と大変なことになりそうです。ご本人だけで挑めば税務署から言い値を吹っかけられかねないことはわかっていますが、決めるのはAさん本人です。

「わかりました。**税理士にできることは、税務調査の当日に立ち会って、税額がなるべく不利にならないように交渉すること**です。そういった形でお助けできると思います。ただ、お支払いいただく報酬《ほうしゅう》以上の効果が絶対に出るという保証はできません。費用は100万円前後かかります。

そういった条件でよろしければ、面談にお越しください。お見積もりします」

正しく申告している人にとっては、税理士の立ち会い費用を払うのはばからしい、やめておこうか……となると思います。

しかしAさんは「税理士費用を払っても、税務調査が安心して受けられて、税金が安くなるのなら」、と考えて決断をしました。

「じゃあ面談をお願いします」

「わかりました。こちらに来られる際に、いまある領収書や帳簿類を全部お持ちになってください」

「え、全部捨ててしまってるんですけど」

「銀行の通帳はありますか？」

「いま使ってるのならあります」

「それだけでもいいのでお持ちください」

税理士に立ち会いを頼むメリット

・不安感が軽くなる
税理士に立ち会いを依頼すれば、税務署からの連絡を一手に受けてくれるうえ、税務調査の当日、どのように調査官に接したらいいのか、ポイントをレクチャーしてもらえます。

「一人で、何をどうしていいのかわからない」という不安感から解放されます。

・「主張」できる
商品を購入するとき、お店側は「本当はもっと安くできるんだけど」と思っていてもわざわざ言いません。言ってしまえば値下げせざるを得ず、当然利益が減ってしまいます。

税務署もそうです。たとえば「これも経費になりますよ」などと、**納税者のお得になる情報はわざわざ教えてくれません。**

いちおう「経費はほかにありませんか」などと聞いてはくれますが、「××さんに外注費として月５万円も支払っているから計上したら？」などとアドバイスしてくれるわけではありません。やはり、**納税者側が自分で主張しなければ経費は認められません。**

そこで、税理士は本来主張できるところでしっかり主張できるよう指摘します。

・「抗弁」できる

税務署の主張に対して、税理士はプロ目線で介入《かいにゅう》し「それはおかしいでしょう」と突っぱねることができます。

たとえば税務調査官が「経費はこれくらいしか認められないですね」と所得が高くなるように言ってきた場合に、一般の人であれば何も言い返せずにそのまま言いなりになりがちです。

しかし**税理士がいれば「それは違うでしょう」と、豊富な税務知識をバックに反論することができます。**

また「反面調査に行きますよ」と脅《おど》しのように言われても、「いや、それはいきなり行くものじゃないでしょう」と抑えたりすることができます。

「あさって税務調査なんですが！」

ごくたまに、税務調査の日程が決まってから連絡をしてくるお客さんもいます。

私が担当した**最短ケースは、連絡のあった翌々日が税務調査というお客さん**でした。

「あさって税務調査が来ちゃうんですよ！」

「なんとか再設定できませんか？」

「それが、仕事の都合で、こっちもあさってしか無理なんです」

「わかりました。今夜、弊社に来れますか？　作戦会議をしましょう」

その日の夜にお客さんに事務所に来てもらって面談をし、翌日準備して、翌々日立ち会いというスケジュールでなんとかこなしました。

このような超・緊急対応は、特急料金で通常よりも割高になりますし、こちらのスケジュールはいつも空いているわけではありません。

もしいま、「あさって税務調査なんですが、対応していただけませんか！」と連絡があったら、現実的には別日程で調整をお願いするしかありません。

「あさって税務調査なんです。どうしましょう！」

「明日税務署に電話して、再設定してください」

「大丈夫ですか？　税務署の人に怒られないでしょうか？」

「怒られませんよ。任意調査ですから、こちらの都合で日程は変更できます」

「もし、税務署の人に『なぜ？』と聞かれたら、どう答えたらいいですか？」

「『税理士に立ち会いを依頼しましたので、税理士との日程調整がつく日にお願いしたいです』と言えばいいですよ」

「正直に言ってしまっていいんですか？」

「いいですよ！」

私は**「理想的には2週間くらいの準備期間がほしい」**とお客さんに伝えています。日程にもう少し余裕があれば、弊社で日程の調整から任せてもらうことも可能です。忙しくてなかなか調整の電話をかけられない方や、税務署員と電話で直接話をするのが嫌だという方は、税理士事務所に依頼する際に相談してみましょう。

税理士選びは直接会うのがいちばん

ここで立ち会い税理士を選ぶ方法をお伝えしましょう。

インターネットで「税務調査　税理士」で検索すると63万件以上がヒットしますので、税務調査に立ち会う税理士を見つけるのに困るということはないでしょう。

しかし、数多くの税理士のなかから自分に合った税理士を選ぶのはなかなか大変です。選ぶコツは、**①直接会う、②比較検討する**、の2点です。

①直接会う

税理士は初回の面談は無料にしているところが多いものです。

税理士を見極めるには無料の初回面談に出向き、実際に困っているポイント、わからないことをぶつけてみるのがいちばんです。

たとえば、次のような質問をぶつけてみましょう。

「売り上げを300万円抜いていたんですが、税務調査が来る。どうしたらいいですか？」

「領収書をなくした。帳簿はつけていないけど、税務調査にどう対応したらいいですか？」

それに対して税理士側はどう答えるでしょうか。

「しようがないですね、税務署の言うとおり税金を払ってください」は論外です。税務署の言いなりになるなら、わざわざ立ち会ってもらう意味がありません。

なかには「なんとかなります、任せてください」だけで、くわしい説明をしない税理士もいるようです。まるっと全部引き受けてくれる安心感はあるかもしれませんが、税務調査官は本人と話したがりますから、丸投げでおまかせでは心許《こころもと》ないと言わざるを得ません。

やはり「それはこうですから、このようにしてください」と**明確に納得がいく回答をしてくれる税理士が、信頼してお願いできる**のではないでしょうか。

人間同士ですから相性もあります。この人の説明がわかりやすい、納得できる、信頼できるという人を選びましょう。

②比較検討する

初回で運よく「税務調査をお任せしたい」と思える税理士と出会えた場合でも、**できるかぎり比較検討することをおすすめ**します。

税務調査が来るとわかってから立ち会いの税理士を探す場合、気持ちが焦《あせ》って比較検討する余裕はなかなか持てないかもしれません。しかし、その税理士の説明は適切なのか、料金が適正なのか、比べてみなければわかりません。

仕事を発注する際に、複数の業者を調べたり、相見積《あいみつ》もりを取ったりするのと同じように、できるだけ複数の税理士から話を聞いたほうがいいと私は考えます。

ちなみに、自分の業務内容に自信がある、まともな税理士ならば、比較検討を嫌がることはありません。

こんな税理士はやめておけ

税理士ならだれでも税金の知識は持っています。が、税務調査の立ち会いに向いていない税理士もいます。

特にこれはやめておいたほうがいい税理士には、以下のような特徴があります。

・上から目線

たまにいるようですが、**相談者に説教を始めたり、呆《あき》れたような態度をとる税理士は論外**です。だれのために仕事をするのかという根本をはき違えていますし、上から目線は自信のなさの表れでしかありません。

・税務署の言いなりで頼りない

税務署がこわいのか、自分の主張に自信がないのか、**税務調査官の主張に対して「違うでしょう」と言えない税理士**がいますが、こういった人が立ち会う意味はありません。

税務署に逆らわないどころか、税務署側の立場になってしまう人もいます。そうすると依頼者としては「敵が増えた」ようなものです。税理士が重荷になってしまいます。

・交渉に慣れていない

書類の作成はできても、**税務署員との交渉に慣れていない税理士**もいます。

納税者の立場に立って主張してくれるかどうかで結果が変わりますから、本当に頼れる人かどうかは実際に会って、会話をして、確かめるのがいちばんです。

・ひたすら事前修正を勧める

じつは税務調査の日程連絡を受けても、**「調査前日までに事前修正（自主申告）をすれば重加算税が課されない」**と法律で定められています（ただし加算税5～15％は課される）。そこで、とにかく事前修正を勧める税理士もいます。

しかし、**こうした法律論だけでことを運ぼうとするとうまくいきません。**税務調査自体がなくなるわけではなく、調査官の心理としては「重加算税が取れないのならほかで取ろう」と厳しくなりがちです。

結果として交渉がうまくいかず、重加算税は逃れたものの経費が認められなかったり、対象期間が最大の7年間となったり、トータルでデメリットが大きくなってしまうケースもしばしばあります。

大局を見て判断をせず、目先の重加算税回避だけを主張する税理士は大いに問題ありです。

不正は正直に伝えて

面談では「最悪のケース」を伝える

税務署から「税務調査に行きたいんですが」と電話がきたため、問い合わせの電話をくれたAさんが、面談にやってきました。

「こんにちは。税理士の石川です。では電話でお話ししたとおり、具体的に計算していきたいと思います。売り上げとか経費はどれくらいですか？」

「売り上げは800万から1300万円ぐらいかな、経費は相方に月30万払っています」

「30×12で年額360万円、これは経費として引けますね」

「経費はガソリンと消耗品ぐらいだから、こみこみで500万円かな」

「売り上げ1300万円から経費の500万円を引いて、800万円くらい所得があるじゃないですか。確定申告はどうしてます？」

「いや、じつは……全然違う数字で、300万円で申告してしまっているので……」

「ああ、そういうことですか」


Aさんが何を心配しているのかつかめた私は、電卓を片手に説明をはじめました。

「いったん原理原則の話をしますね。

消費税は前々年度の売り上げが1000万円を超えると払うことになります。だから、あなたは消費税を脱税しています。帳簿と請求書等がなければ、あなたが本来支払う消費税は売り上げの1割、100万〜130万円くらいですね。

また800万円ほどの所得があるのに、300万円で申告している、ということはこの増額する差分500万円に税金がかかります。それが所得税、住民税、事業税こみこみで増差分の3〜4割くらい、つまり150万〜200万円くらいです。

さらに、売り上げ隠しが悪質だと判断されると、7年間分の重加算税がかかります。重加算税は1年分でだいたい増差分500万円の3〜4割かかる。それの7年間分ですから、**最悪2000万円台前半〜3000万円台前半までいく**かもしれません」

「え、そんなに……（絶句）」

この計算はあくまで一例です。金額はケースによって変わります。しかし、Aさんのように、自分のしでかしたことの大変さを理解して、言葉を失う人を私は何人も見てきました。医者は患者に病状を少し悪く説明することがあるそうですが、私も最初の面談のタイミングで、最悪の場合どうなるかを伝えるようにしています。しかし、誇張したり、嘘を伝えることはありません。

「これは、**何もしなければ、それだけの金額がかかってしまうという試算**です。このとおりにならないためにはどうしたらいいか、方法を一緒に考えましょう」

「お願いします！」

ほっとした表情でAさんは言いました。

面談でリハーサル

あまり長くてもお客さんが混乱して疲れてしまいますから、私は、面談にかける時間は2時間程度としています。このあたりは税理士によって個人差があると思います。

面談では、ご本人の経歴にはじまり、趣味や生活費について、それから売り上げの把握、経費の把握など、さまざまな事柄をヒアリングします。

本書の第3章を読んだ方はお気づきでしょうか？　私がヒアリングする内容は税務調査の当日、税務調査官が本人に質問する内容とほぼ同じです。

つまり、**単なるヒアリングではなく、面談は税務調査のリハーサルを兼ねている**のです。

ここで引っかかるところは、当日、税務調査官に突っ込まれてしまいますから、なるべく厳しく確認します。

引っかかったことについては**「本番ではこういう言い方をしたほうがいい」とお伝えする**ことができます。

世の中にはさまざまな税理士がいますが、私は、お客さんが経費をごまかしても、売り上げを隠しても、ほかの不正をしても、呆れたり怒ったりはしません。

税金の「不正」は、善悪の問題ではなく、ルールを知っているか否《いな》か、あるいはルールをどう解釈するかの違いでしかありません。

一般の方には税金に関する知識がないのは当然ですし、こんな時代ですから目の前の利益に飛びついてしまうこともあるでしょう。

人間相手なので、どんなに綿密に打ち合わせをしても「予想外の展開」はあるものですが、そういうシーンで**有効な援護射撃をするためにも、正直に話してもらったほうがありがたい**

のです。

困るのは、本番の税務調査時に、私が知らなかった不正がボロボロ出てきた場合です。

あらかじめ話していただければ、どれだけ影響が出るか事前にお伝えできますし、対策案を考えることもできますから。

面談が終了すると、次にお客さんと会うのは税務調査当日です。必要に応じて電話等で質問を受け付けることもあります。

立ち会い費用はどのくらいかかるのか？

「税理士ってなんだか高そう」というイメージをお持ちの方もいるかもしれません。たしかに依頼するとそれなりのお金はかかりますが、それ以上に税金が下がり、不安感が払拭《ふっしょく》できるなら、お金を出す価値はあるのではないでしょうか。

税理士の立ち会いに「相場」があるかというと、どうでしょう、実際に税務調査に立ち会っている私自身ですらハッキリしたことが言えないというのが正直なところです。

税理士としての実務能力や交渉力を正確に測る方法はありませんし、料金の計算方法も税理士事務所によってマチマチだからです。

弊社の場合を例に挙げると、基本料金にプラスして、領収書や帳簿など取引の証拠を保存していない場合は×万円、消費税の無申告は×万円……といった具合にオプションを追加していくシステムです。

これを安いと思うか高いと思うか、状況によって違うでしょう。**多くの方は１００万円くらい**です。

自分が払う可能性のある追加の税金と、依頼費用を天秤《てんびん》にかけて、依頼費用のほうが高ければ、頼む必要はありません。

具体的な手続きは書類を書くだけ

税理士と弁護士は、第三者から依頼されて税金、税務に関することを代理でおこなう「税務代理」をすることができます。

税務調査の立ち会いはこの「税務代理」にあたります。

依頼する際に特に難しい手続きはなく、税理士が**「税務代理権限証書」（次ページ参照）に必要事項を記入して税務署に提出するだけ**です。

たとえば、Ａさんが私に税務調査の立ち会いを依頼する場合、Ａさんに記入してもらい、私がこの書類を税務署に提出することで「所得税」と「消費税」について、ありとあらゆる権限を私に委任してもらったということになります。

■税務代理権限証書

受付印

税務代理権限証書

※整理番号	

令和　年　月　日 殿	税理士 又は 税理士法人	氏名又は名称	
		事務所の名称及び所在地	電話(　　)　　－ 連絡先 電話(　　)　　－
		所属税理士会等	税理士会　　支部 登録番号等　第　　号

上記の 税理士 / 税理士法人 を代理人と定め、下記の事項について、税理士法第２条第１項第１号に規定する税務代理を委任します。
令和　年　月　日

過年分に関する税務代理	下記の税目に関して調査が行われる場合には、下記の年分等より前の年分等（以下「過年分」といいます。）についても税務代理を委任します（過年分の税務代理権限証書において上記の代理人に委任している事項を除きます。）。【委任する場合は□にレ印を記載してください。】	□
調査の通知に関する同意	上記の代理人に税務代理を委任した事項（過年分の税務代理権限証書において委任した事項を含みます。以下同じ。）に関して調査が行われる場合には、私（当法人）への調査の通知は、当該代理人に対して行われることに同意します。【同意する場合は□にレ印を記載してください。】	□
代理人が複数ある場合における代表する代理人の定め	上記の代理人に税務代理を委任した事項に関しては、上記の代理人をその代表する代理人として定めます。【代表する代理人として定める場合は□にレ印を記載してください。】	□

依頼者	氏名又は名称	
	住所又は事務所の所在地	電話（　　）　　－

1　税務代理の対象に関する事項

税目 （該当する税目にレ印を記載してください。）		年分等
所得税（復興特別所得税を含む） ※申告に係るもの	□	平成・令和　　年分
法人税 （復興特別法人税・地方法人税を含む）	□	自　平成・令和　年　月　日　至　平成・令和　年　月　日
消費税及び地方消費税（譲渡割）	□	自　平成・令和　年　月　日　至　平成・令和　年　月　日
所得税（復興特別所得税を含む） ※源泉徴収に係るもの	□	自　平成・令和　年　月　日　至　平成・令和　年　月　日 （法定納期限到来分）
税	□	
税	□	
税	□	
税	□	

2　その他の事項

※事務処理欄	部門		業種			他部門等回付	・　・　（　　）部門

すると税務調査はもちろんのこと、確定申告に関しても所得税と消費税のことは完全にお任せいただくという形になります。

書類を提出してから私は税務署に電話して「いま、Aさんの調査をやってますよね？　私が税務代理を受けることになりましたので、よろしくお願いします。当日、私が立ち会いますから、連絡もすべてこちらにしてください」と連絡を入れておきます。

これで、税務署は私を代理人として認識しますので、**原則として以後、税務署からの連絡のすべてが私あてにくる**ことになります。

つまりAさんは、税務署からの電話にビクビクせずに本業に集中できる、ということです。

立ち会い当日

税務調査の当日、税務調査官が到着する前に、私も現場に入ります。

税務調査官としては「本人から聞いた」というアリバイが欲しいので、私はできるだけご本人にしゃべってもらうことにしています（そのためにも打ち合わせ時にしっかりリハーサルをしておくのです）。

あまり長時間接触していると余計なことを言ってしまいかねないので、調査自体が短時間で終わるよう工夫もしています。

税務調査官と話す際に「税理士に言わされている感」が出てしまってはよくありません。かといって、売り上げや経費のごまかしなど故意に「悪さ」をしたと取られかねない発言が出てしまうのもよくありません。

会話がちょっと危ない方向に動き出したときは「本人はこう言っていますが、真意はこういう意味ですから」などという形で適宜フォローします。

第3章でも書いたとおり、放っておくと税務調査官はその場でカタカタと電卓を叩いて作業を始めてしまいます。

その後ろ姿をただ見ているだけでは時間のムダなので、私は、

「それ、税務署で見てくれませんか？」

と言って、資料一式を預けてしまうことがよくあります。

「余計なところまで見られてしまうので、預けないほうがいい」という税理士や、そう解説している本もありますが、**必要があれば調べることができるのが税務署**です、**こちらから提出して、協力的な姿勢を示しておいたほうが、お互いの手間が省け、心証もよくなります。**

そのうえで「質問事項があれば、まとめて私に聞いてください」と話しておきます。どんな問い合わせにも対応できるように、私も同じ資料で集計をしておきます。

税務署からの連絡

調査の後もときどき税務署から問い合わせがあります。

「××さんの件ですが、もう一度ご本人から直接お話をうかがいたいんですが」

税務調査官はよく、「本人に会わせてください」「本人と直接話させてください」などと言ってきます。

本人から都合の悪い言葉を引き出して「それは重加算税ですね」と言いたい、という税務署側の思惑《おもわく》はモロバレです。**こういった場合は、絶対に本人と話をさせません。**

「私が把握していることは代わりに答えますよ。質問は何ですか？　どんなことを聞きたいんです？」

「所得が通帳を集計すると1300万円、申告は800万円と大きくズレているので、どういう理由でこうなっているのか、そこのところをご本人からお聞きしたいんですが」

「私から本人に聞いたところ、覚えていない、記憶がないって言っていますけど」

「いや、記憶がないって言っても、毎年1300万円も通帳にお金が入ってきてるのは、きっと本人もわかってますよね。そんな回答じゃ、私たちは納得できませんよ」

「納得するもしないも、あなたの気持ちの問題でしょう。覚えていないから覚えていないと言っているのに、何をどうすれば納得するんですか？」

「だから常識的に考えて……」

「そう言われても、本人は覚えていないんですから。ほかに聞きたいことがあれば、私が代わりに本人から聞いておきますから、質問リストを出していただけますか？」

というような丁々発止《ちょうちょうはっし》のやりとりがおこなわれることもあります。

税務署としては、ごまかしが通用すれば正しく申告している人との公平性が害されてしまいます。そうならないよう、疑わしいときは厳しく追及してきます。

税理士としては、法を守りつつ、どうしたらクライアントにとって有利になるか、考えながら交渉を進めていきます。

交渉次第で税金は安くなる！

結果が見えてきたら交渉のチャンス

　調査の日から1週間ほどで税務署から連絡があります。

「売上高はこれで、経費はこんな感じ。この部分は認めますが、ここは認められません。この形で修正申告していただくのはどうでしょうか？」

調査で追加納税額が絞られてくると、着地点をにらんで向こうもこちらの反応を見てきます。一種の根回しですが、ここが交渉のしどころです。

「いやあ、これだと経費が少なすぎるじゃないですか、もうちょっとこのあたりは認めてくれませんか」

「ここは認められないけど、ほかの雑費もかかってるでしょうから」

「交際費とかもかかっているので、月5万円は認めてくださいよ」

「わかりました、5万は認定しますので」

「あと、調査のときに言い忘れていたんですが、こういう経費もあるみたいで、これも乗っからないですかね」

「うーん、ちょっと上司に聞いてみますね」
「その金額を乗せた数字で調査結果を出してもらえれば、修正申告に応じると本人は言っていますので」

交渉事ですから、**このように押したり引いたりしながら、双方が妥当だと思える落としどころを探っていきます。**

税務署だからといって、必ずしも杓子《しゃくし》定規な対応をするだけではありません。人対人の生《なま》っぽいコミュニケーションであり、ここが立ち会い税理士の腕の見せどころでもあります。

更正処分・重加算税も交渉材料に

先に書いたように、税務署には、できるだけ更正処分よりも修正申告で終わらせたい、という意図があります。

そこで「修正申告に応じてもらえるのであれば、この数字で終わらせますよ」と申し出てきたりします。更正処分に進ませないための交渉です。

私たちのほうから「修正申告に応じますから、これだけ税金を負けてくださいよ」と言うこともありますし、税務署の側が「修正申告だと3年ですが、更正だと5年にしますよ」と言ってくるケースも考えられます。

重加算税も交渉に使えます。

税務調査官としては修正申告で重加算税を取ると、署内で評価が高くなります。だから、何かにつけて重加算税をつけようとする調査官もいるほどです。

そこで**「重加算税を受け入れるから、この経費を認めてほしい」と交渉する**わけです。

常識的に考えれば、重加算税がかかれば、税額は高くなるはずと思うでしょう。

しかし、大きく経費を認めさせて本税（支払うべき所得税や消費税）を下げることができれば、たとえ重加算税がかけられてもトータルで税額が安くなります。

たとえば、重加算税の税率は本税の35％です。これを回避できて、過少申告加算税などだけで本税の5～10％の税率に抑えられたとします。一見すると、かなり得をしたように見えますね。

しかし加算税とは、本税に対して一定の割合でかかる附帯税のことです。加算税の増減と本税の増減、どちらが納税総額への影響が大きいかといえば、やはり本税のほうです。「利息を安くするより元本を下げるほうが効果は高い」ということと似たようなイメージですね。

そのため、**加算税が増えても、本税が減れば納税総額が減少するケースもある**のです。

そこで、私は、仮装・隠蔽行為を認めて**重加算税が課せられても、経費を多めに認めても**

らって本税を安くすることで、納税総額を低くする方法を強くおすすめします。

本当にそうなるのか、３つのケースで具体的に検証しましょう。

税務調査で申告漏れを指摘され、所得が増えて１０００万円になったとします。それに対して税率は35％とします（所得税20％、住民税10％、事業税５％）。この場合、本税は所得税２００万円＋住民税１００万円＋事業税50万円＝合計３５０万円となります。

くわしい計算は省きますが、３パターンの数字の結果を比べてみてください。

①重加算税が課せられるケース

重加算税は国税（所得税とか消費税）の本税にのみ、かかります。このため重加算税は所得税２００万円に対して35％なので70万円かかります。**納税総額は４２０万円**ほどになる見込みです。

②重加算税を回避し、過少申告加算税だけ課せられるケース

ここで、重加算税を回避し過少申告加算税（ここでは10％とします）だけかかったとします。加算税は20万円になり、**納税総額は３７０万円と、①のケースより50万円安くなります。**

③重加算税はかかるが、本税を減らすケース

重加算税が課せられてしまいますが、税務調査官との交渉により経費を多めに認めてもらい、増加する所得を８５０万円にまで抑えたとします。すると、本税合計は２９７・５万円、重加算税は59・５万円、**納税総額は３５７万円になり、①のケースより63万円安く、②のケースより13万円ほど安くなります。**

懐柔したり温情を引き出す交渉術

③のケースはいわば、「肉を切らせて骨を断つ」作戦。こちらも痛手を負うことで、相手から大きな譲歩を引き出すというものです。ただ、経費を大きく認めてもらうには、交渉や事実関係の証明に結構時間がかかることもあります。

そこで、さらに多くの経費を認めてもらえるよう、もう一押し、お客さんに次の２点を税務調査官に伝えてもらうことも提案します。

⑴経費を認めてくれるなら、即刻修正申告に応じることを約束し、これ以外について異議申し立てを唱えない

(2)今後は正しく申告するために、自分の力で正しく集計できそうにないときは税理士関与のうえ申告することを約束する

調査官にとって③のケースは、重加算税が取れたことで自己の評価も上がること、さらに(1)はノルマが一件早急に片付くことを意味します。そのため(1)は、**調査官への懐柔策**《かいじゅう》**としては非常に有効**です。

また、税務調査とは税金を徴収することだけでなく、誤った申告をしている納税者に対して「こうやって正しく申告するのですよ」と指導する意味合いもあります。(2)のように、今後は税理士関与のうえ正しく申告する意思が見受けられるなら、**「今回の調査に限り」という〝温情効果〟も引き出せる**ものなのです。

このように、相手にメリットを伝え、譲歩案を出すことが交渉のテクニックといえると思います。私は何年も税務調査に立ち会い、こうした交渉術を身につけてきました。

209ページで述べたように、**目先の重加算税回避だけを目的に事前修正を主張する税理士では、こうした交渉は難しくなります。**

交渉は数字のやりとりだけではありません。トータルで判断する視点が必要だということ

がおわかりいただければうれしく思います。

仮装・隠蔽行為とは何か

重加算税の対象になる「仮装・隠蔽」とは

第４章で解説したとおり、重加算税は税務署が「悪質な不正行為だ」と認識した場合に課されます。

悪質な不正行為には「仮装」と「隠蔽」があります。ここまで何度か出てきた「仮装・隠蔽」について説明しましょう。

「仮装」＝事実がないにもかかわらず、あたかもあったかのように見せること
「隠蔽」＝事実があるにもかかわらず、隠してしまうこと

たとえば、次のようなものが仮装・隠蔽と判断されてしまいます。

・従業員を雇っていないのに、あたかもいるように書類でごまかす

・現金売上にかかる領収書の控えを破棄する
・経費の領収書の値段を書き換える
・売り上げを別の通帳に振り込んでもらい、申告時にそれを収入に含めない

仮装・隠蔽となるかの判断は、「故意か否《いな》か」がポイントになります。

つまり「わざと」やっていたと税務調査で判断されれば仮装・隠蔽にあたり、重加算税がかかってしまう、ということです。

税務調査官はこれを拡大解釈することがあります。「どこからどう見ても、仮装・隠蔽だろう」というケース以外でも「重加算税を認定する」としてしまうことが多々あるので、われわれ税理士は注意しています。

単純な計算間違いや判断ミスといった「わざとではない間違い」は「申告漏れ」とされ、仮装・隠蔽とみられることはありません。

なお、税務署の認定する「悪質な不正行為」には、仮装・隠蔽のほかに「偽りその他不正の行為」というジャンルがあります。こちらはほぼ「脱税」と同じ意味です。

脱税とは、故意に法を破って税を逃れる不正行為のことで、犯罪です。

仮装・隠蔽は重加算税など追徴税を課す行政処分ですみますが、脱税（偽りその他不正の行為）は犯罪ですから刑事罰（懲役《ちょうえき》や罰金など）が科され、前科がついてしまいます。

仮装・隠蔽行為のうち、個人事業主や小規模な企業でよくあるのは次の3つです。

・二重帳簿
・売り上げを隠す
・経費のごまかし

それぞれを具体的に説明しましょう。

二重帳簿

「帳簿はこれですか？」

「はい、そうです」

「ちょっと計算させてくださいね……あれ？　ちょっとここ辻褄《つじつま》が合いませんよ」

「あ、それは……」

「もしかして、これは、私たちに見せるために作った帳簿ではないですか？」

「いえあの……」

「二重帳簿、つけてるんじゃないですか？」

二重帳簿は重加算税の対象になる典型的な事例です。本当の金額が書かれた裏帳簿と、税務署などに見せるために粉飾した表帳簿と、帳簿を二重に作るため二重帳簿といいます。

・売り上げを少なく見せかける
・経費を多く見せかける
・在庫を少なく申告する（在庫は資産として扱われ、在庫が多いほど納税額が増えてしまう。そのため在庫を実際より少なく見せかけて申告する）

などの目的のため、数字の操作がおこなわれることが多いようです。

バレないだろうと思って作っていても、**税務調査では売り上げや仕入れとの整合性を厳しくチェックする**ため、辻褄が合わなければすぐにバレてしまいます。

売り上げを隠す

「売り上げを受け取っているのはこの通帳だけですか？」

「はい、そうです」

「あれ？　この請求書、振込口座が別の銀行になってますけど？」
「あっ……」
「もしかして、売り上げを隠そうとしていたんじゃないですか？」
「いや、その……」

以前、３つの銀行で口座を作り、それぞれ別々に売り上げの入金がある、というお客さんがいました。確定申告の際に１つの口座の入金だけを売り上げとして計上していたため、税務調査が入って重加算税の対象になってしまいました。

通帳を隠しても、燃やしても、売り上げの事実は残ります。税務署は過去10年間分の銀行取引を確認することができますから、残念ながらムダな抵抗といわざるを得ません。

では飲食店のような現金商売の場合はどうかというと……仕入れ額から原価率を推計し、原価率３割程度で計算すれば売り上げの規模が見えてしまいます。

売り上げも仕入れもすべて現金商売という場合は、**家賃や光熱費をチェックしたり、使用した割り箸の数を見ることも**あります。

経費をごまかす

「この領収書なんですけどね……」

「はい」

「数字の最後の『0』だけ筆跡が違うような気がするんですけど、気のせいですか？」

「あっ、……気の、せいだと、思います……」

「あとこっちの領収書は、金額の頭の1が狭すぎるんですよね、これも気のせいですかね？」

「うっ、そ、それも、気のせい、では？……ははは」

「そうですかねえ？　正直に言ったほうがいいですよ」


経費を多く計上することで課税所得を少なくしようとする行為には、さまざまなバリエーションがありますが、**特に多いのが領収書の偽造**です。

・何も買っていないのに領収書を勝手に作る
・領収書の日付を書き換える
・領収書の代金の桁《けた》を増やして金額をごまかす

「さっきジャニーズが好きだっておっしゃってましたよね？」

「そうなんです！　特に嵐が大好きで……」

「外注費として、大野さん、櫻井さん、相葉さん、二宮さん、松本さん……に毎月8万円ずつ払っていることになってますけど」

「はい……」

「これ、架空の支払いではないですか？」

支払っていない外注費を外注費として計上する「架空外注費」。

資料として伝票などを残しているのに支払いの事実がないとなると、仮装になります。

架空の相手に振り込んだふりをするのも、実在の知り合いに請求書を書かせて、仕事を発注していないのに入金するという手口も仮装です。

領収書があれば何でも経費になるわけではない

領収書があれば、自営業者は何でもかんでも経費になる、と勘違いしている方がたまにいます。

当然、そんなことはありません。認められるものとそうでないものがあります。

経費として認められるのは、売り上げを獲得《かくとく》するのに直接要した経費だけです。

たとえば建築業であれば、現場で使う材料費や外注費などが経費に当たります。

「自宅の家賃も経費として認めてほしいな。自宅で請求書とか書くし。事務作業をするから経費になるんじゃないか？」

直接かどうかがポイントです。それが**「売り上げを獲得するのに直接要した経費」であれば経費にできる**のですが、**事務作業が請求書を書くだけで、家賃を経費にしたい、となるとあやしい**ですよね。

プログラマーやデザイナーなど自宅の一部を仕事場にしている場合などは、プライベートで使う割合と、事業で使う何割とで分けて「按分《あんぶん》」（家事按分）し、事業で使っている部分を経費とします（白色申告と青色申告とでは扱いが異なるので注意が必要です）。

余談ですが、あるユーチューバーが数百万円のソファを購入したそうです。画面に映るから経費だという見方もありますが、画面に映っているのはほんの数分です。

これを100％経費にするには、配信の際のセットとして使った後は捨てる、という方法があります。エコではありませんが、100％仕事に使った、という事実ができます。

「もったいないから」とそのソファをプライベートで使ってしまうと、全額経費にするのは難しくなってしまいます。

経費の割合とプライベートで使った割合をそれぞれ何％にするのか。どうやって証明できるか、それが税務調査の一つの争点になることもあります。

領収書があっても何でも経費になるわけではありませんが、逆に、領収書がなくてもある程度の金額は認めてもらえるのが経費です。

「帳簿もつけてないし、領収書や請求書もないけど、どうしたらいい？」という方に対して、私はこうアドバイスしています。

「**帳簿、請求書がなくても、経費がゼロということはない**ですよ。税務調査官が聞き取りをして、それを元に本人比率や同業者比率といった数字を使って推計しますから、とりあえずわかっている経費を教えてください」

本人比率は、本人が別の月にどのくらいの経費を使ったか、その比率で年間の経費を類推する方法。同業者比率は、同業者の経費をかんがみて、年間の経費を類推する方法です。

経費は推計で計算できる、と言われると、毎月毎日ちゃんと領収書を取っている大多数の真面目な人はバカバカしくなり、「領収書がない人は経費ゼロでいいじゃないか」と思いたくもなりますね。
しかし、経費に関しては**「所得の計算上、加味する」**というルールがあります。税務署員も領収書がないからといって「あなたの経費はゼロですね」と終わらせることはできないのです。

やめておこう、リベート、キックバック

リベート、キックバックとは

個人事業主のCさんは、ある日、得意先A社の担当者であるBさんに、こう持ちかけられました。

Bさん「Cさん、いつもうちから1000万円で発注してる仕事なんだけどさ、今度1300万円で発注するから、俺に200万円バックしてくれない？」

Cさん「えー、それってウチが水増し請求するってことですよね。まずくないですか？」

Bさん「大丈夫、会社のほうはなんとかするから。Cさんは100万円収入が増えるし、俺は200万円稼げるし、お互いにとっていい話でしょ」

■リベート、キックバックの事例

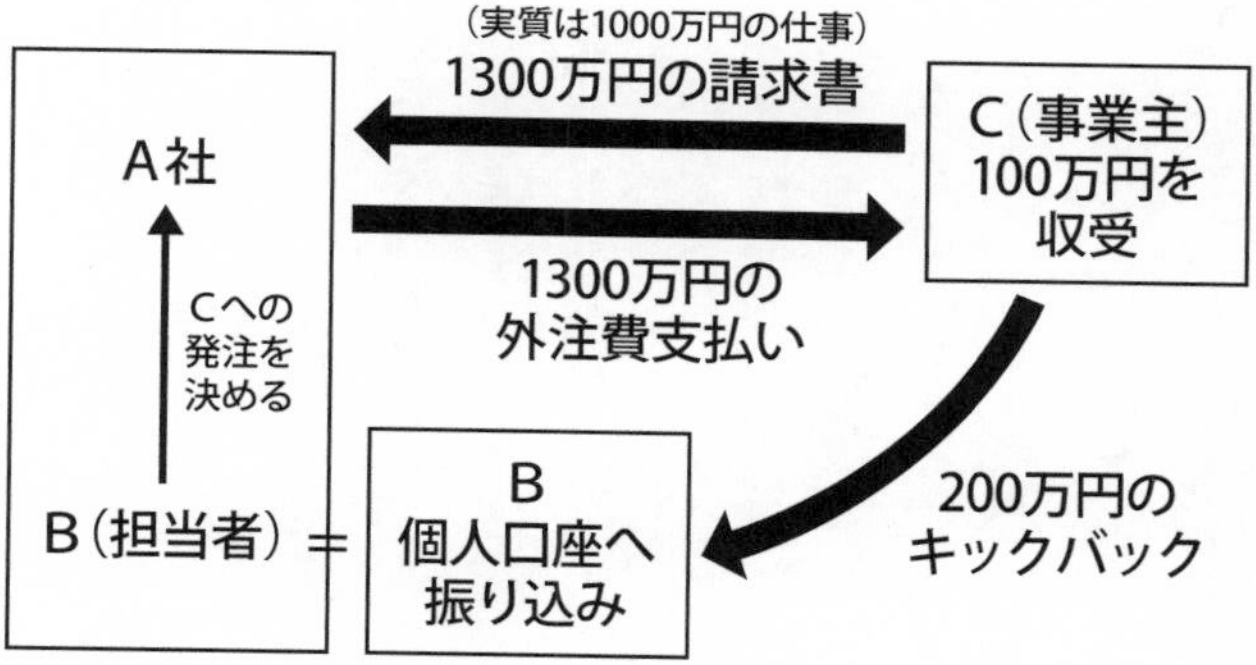

Cさん「うーん」

建設、建築業界などでは日常的に目にする形のリベートですが、私が「これだけはやめておこう」と特に強く言うのは、もし税務調査が入ったらそれがきっかけで、よくある水増し請求がバレるからです。

リベートやキックバックは、使い方次第で違法になってしまう可能性があるので注意が必要です。

私の危惧《きぐ》するリベート、キックバックは上の図のようなものです。

先のやりとりのように、事業主CさんがA社からある仕事（適正価格は１０００万円）を受注するとき、発注担当のBさんから「１３００

万円で発注するから、自分に200万円回してくれ」と持ちかけられます。A社に対してCさんが1300万円の請求書を出し、Bさんがそれを承認してA社からの支払いとして1300万円をCさんに振り込み、Cさんはその中から200万円をBさんの個人口座に振り込み、Cさん自身も100万円を収受する、という構図です。

もし、CさんがA社からしか仕事をもらっていない、下請けのような立場だったら、Bさんからの提案を断れば「君はもういいよ」と仕事がなくなってしまいます。結局、Cさんはこの話を呑《の》みました。

その後、A社に税務調査が入りました。その際に税務調査官はBさんにこんな質問をしました。

「A社さんの申告書では外注費1300万円になっていて、Cさんは売り上げ1300万円と計上しています。ですが、これは通常は1000万円の仕事じゃないですか？

どうしてCさんからA社の社員であるBさんに200万円が渡っているんですか？」

結局、この税務調査がきっかけになり、Bさんは無申告で追徴税を課せられ、A社の社長以下役員の怒りを買い会社をクビに、Cさんは出入り禁止となってしまいました。

隠してもバレるときはバレる

実際に発注を受け持っている担当者とキックバックをもらっている人が同一人物だった場合は、かなり危険視されますが、もしもCさんが、Bさん本人ではなく、Bさんの嫁や息子の口座や、Bさんが設立した別会社の口座に振り込んだ場合はどうでしょう。

これはキックバックを隠そうとしている意図がバレバレです。悪質であると判断され、仮装・隠蔽となり3～7年分の重加算税が課せられる可能性があります。

どう違うのか？ 節税と脱税

節税と脱税の違い

「節税はいいけど、脱税はダメ」というのはだれもが知っていると思いますが、その境界線が時としてあいまいになってしまうことがあります。

節税、脱税の違いについて知っておきましょう。

【節税】

法律の範囲内で、税金を減らそうとする行為。適法なので罪に問われることはない。

・経費をもれなく計上する
・各種控除をうまく使う
・法人化する
・青色申告に切り替える　など

【脱税】

法律の範囲を逸脱して、故意に税金を減らそうとする行為。違法なので、発覚すれば、ペナルティや刑事罰の対象になる。

・経費の水増し
・売り上げの隠蔽　など

ちなみに、「租税回避」（法律の抜け穴を狙って、税金を減らそうとする行為）という言葉も耳にしたことがあるかと思います。「現状では違法ではないので罪に問われない、おいしいやり方のはず」と期待する方が多いのですが、**租税回避はルール（法律）が変更されると、あっという間に使えなくなる方法**です。脱税はもちろんですが、租税回避もリスクのある行為なので、おすすめできません。

税金から「合法的に」逃れる3つの方法

節税は積極的に

最後に、比較的簡単にでき、効果の大きい節税方法を3つお伝えします。

どれも、所得を隠したり、経費をごまかしたりするよりも、効果があり、しかも合法です。

ぜひ積極的に取り入れてください。

①所得税を合法的に減らす

非合法に税金から逃れる脱税は絶対やめてほしいのですが、合法的に税金を減らすことができる節税は、どんどんやっていきましょう。

所得税を合法的に減らす方法の基本としてまずおすすめしたいのは、**確定申告を白色から青色申告に変更する**ことです。


【青色申告の節税効果】

・65万円の青色申告特別控除《こうじょ》が受けられる

白色申告では控除はありませんが、青色申告かつ電子申告にすれば65万円の控除が受けられます。

・青色事業専従者控除が受けられる

家族に対する給料の支払いを経費にすることができます。奥さんを青色専従者にする場合、扶養《ふよう》控除から外れないよう、所得が103万円を超えないように調整する（月にすると8万くらい）のが定石《じょうせき》です。

青色申告特別控除と青色事業専従者控除を合わせると実質150万円ほどは控除が増える計算になります。

青色申告にするには、きちんと帳簿をつける必要があるため、税理士に相談することをおすすめします。

また、家内労働者（特定の事業者に対して役務提供している人。ポスティングや電力メーターの検針人、保険外交員など）は部品や原材料の提供を受けて作業する内職的な仕事のため、ほとんど経費がかからない職業です。

ですが、2020年分申告以後は「家内労働者等の必要経費の特例」として、必要経費が55万円認められることになっています。これに青色特別申告控除55万円（電子申告では65万円）をプラスすると実質110万円（同120万円）の節税となります。

税理士に確定申告を依頼する

税務調査が終了してから「今回の件で懲《こ》りたので、今後確定申告をお願いできますか」と税理士に依頼する方もいます。

税理士は確定申告書の作成もしています。

「ウチはまだまだ税理士を頼むほど儲かっていないから」という人もいますが、いわゆる一人親方や個人事業主などが対象の確定申告費用はかなりコストダウンしています。

弊社の場合では、おおまかな目安として基本の申告書の作成は20万円くらいです（詳細はお問い合わせください）。

弊社よりもさらに安い税理士事務所もいくつかあるはずです。あまり安いと心配になってしまう方もいると思いますが、プロにとって個人の確定申告はそれほど難しい作業ではありません。どんなに値段が安くても、いい加減な申告書を作成する税理士はいないので、安心してください。

税理士は「税務調査が入らない、万が一入ってもきちんと答えられる」という確定申告書を作ります。それだけでも安心できると思いませんか。

②「法人成り」して合法的に減らす

個人事業主が法人化することを「法人成《な》り」といいます。

たとえ仕事の実態は変わらなくても、法人成りすることで節税効果があります。

【法人成りの節税効果】

・社長の給与に「給与所得控除」が適用される

法人化する最も大きなメリットの1つが「給与所得控除」です。

法人化して会社から社長自身に支払われた給与には、給与所得控除があります。

給与所得には必要経費などの控除がないので、いわば〝給与所得者の経費〟として給与所得控除が設けられているのです。給与収入に所得税がかかるわけではなく、給与所得控除を差し引いた額に所得税がかかるのです。

■法人成りの節税効果（給与所得控除）

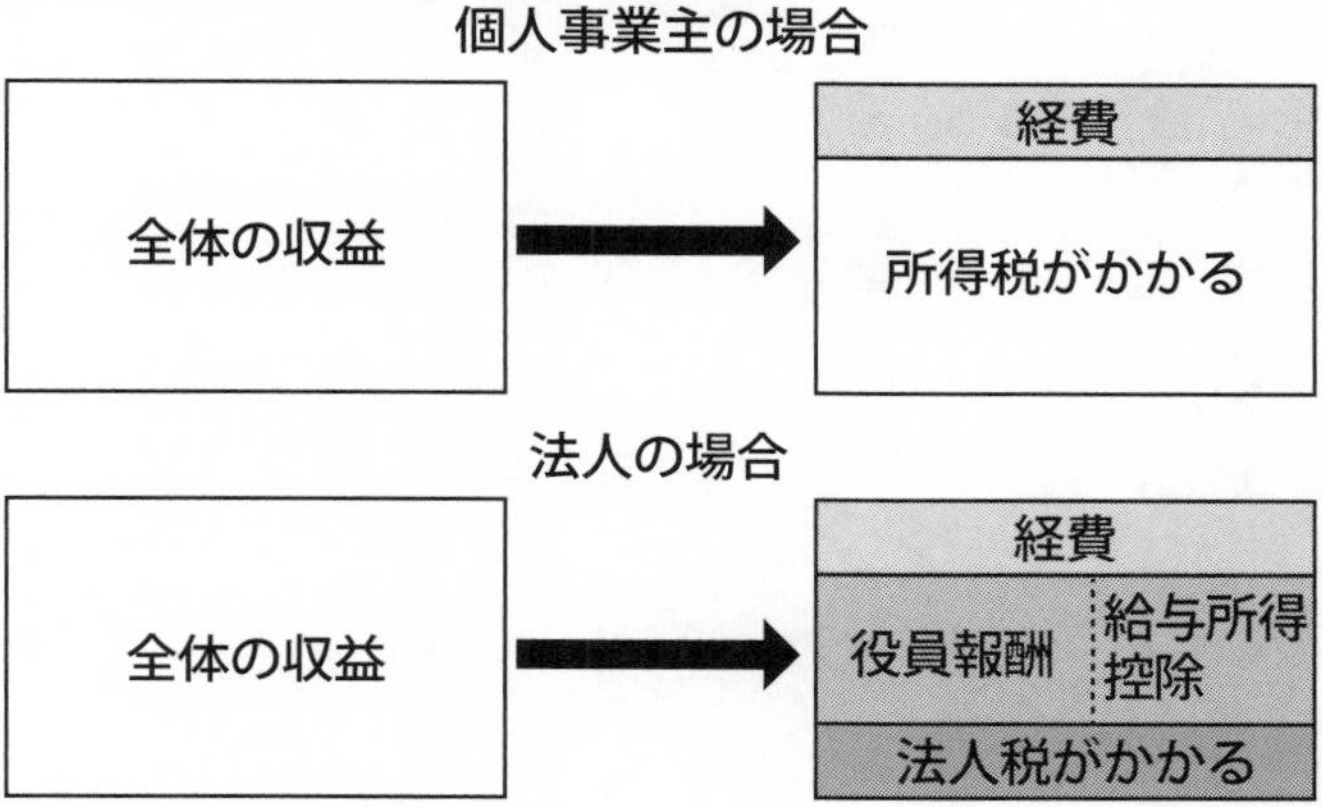

・赤字を繰り越せる期間が長くなる

青色申告をしている個人の「欠損金の繰越控除期間」は翌年以降3年間ですが、法人の場合は、事業年度によって9～10年にわたって認められます。

個人では使い切れない赤字も法人なら節税に有効活用できます。

・消費税を節税できる

次項で説明しますが、法人成りすることで2年間消費税を節税することが可能です。

法人成りのタイミングは？

法人成りすることで社会的な信頼が高まるなど、節税以外にもメリットはありますが、むやみに法人化することはおすすめしません。あまり利益が出ていなかったり、赤字状態では、法人成りによる節税効果は期待できないからです。

所得が500万円を超えたら法人成りを検討するとよい、といわれていますが、役員報酬や家族従業員の扱いなどによっても変わってきます。ケースバイケースですから、法人成りを考える際はぜひ税理士に相談してください。

③消費税を合法的に減らす

第2章でも紹介しましたが、消費税は放っておくと大きな爆弾「スーパー消費税」になりかねません。できるだけ早い時期に、なんらかの節税対策をおこなうことをおすすめします。

・簡易課税を選択する

消費税には「本則課税」と「簡易課税」があります。

どちらも、もらった消費税から払った消費税を控除するのですが、**払った消費税を推定計算できる簡易課税のほうが、税金が安くなることが多い**ようです。

ただ、経費を多く使った場合には、仕入税額控除を受けられる本則課税のほうが、税金が安くなる可能性があります。

簡易課税を選択すると2年間は本則課税に戻れないので、大きな買い物をする際は年単位でお得なタイミングを考えたほうがいいかもしれません。

・法人成りすれば2年間免除

法人がスタートしてから最初の2年間は消費税がかけられないことになっています（2021年10月1日設立までの法人が対象）。

消費税逃れのために法人成りをするといった手口の租税回避は税務署に目をつけられやすいのでおすすめしませんが、業績が伸びて消費税がかかりそうになったタイミングで法人成りすることで、消費税を節税することが可能です。

著者略歴

税理士・公認会計士。税理士法人エール新宿支店長。1976年、愛知県名古屋市に生まれる。産業能率大学経営情報学部経営情報学科に入学。大学卒業後、公認会計士資格を取得。得意分野は税務調査。

①あずさ監査法人で大企業の会計監査やコンサルティングを担当。②その後、警視庁に入庁し、組織犯罪対策部で「マル暴」担当特別捜査官として犯罪捜査に携わり、詐欺・脱税などの取り調べや捜査の手法を学ぶ。③「カラオケの鉄人」を運営する鉄人化計画に転職し、企業の経理実務を積む。この特異な職歴から、企業を「監査する側」と「監査される側」双方の視点で把握するとともに、「税金を納める側」と「国家権力側」双方の本音と行動に通じ、表と裏を知り尽くしたプロ中のプロとして、年間200件以上の税務調査に対応する会社で主翼を担っている。

税務調査《ぜいむちょうさ》で泣《な》きをみないとっておきの知恵《ちえ》
——税金《ぜいきん》を合法的《ごうほうてき》に逃《のが》れる方法《ほうほう》あります

二〇二一年七月二二日　第一刷発行

著者　石川博正《いしかわひろまさ》
発行者　古屋信吾
発行所　株式会社さくら舎　http://www.sakurasha.com
東京都千代田区富士見一-二-一一　〒一〇二-〇〇七一
電話　営業　〇三-五二一一-六五三三　FAX　〇三-五二一一-六四八一
編集　〇三-五二一一-六四八〇　振替　〇〇一九〇-八-四〇二〇六〇

装丁　村橋雅之
協力　吉田浩(株式会社天才工場)／曽田照子
本文デザイン・組版　白石知美(株式会社システムタンク)
印刷・製本　中央精版印刷株式会社

ISBN978-4-86581-302-9